Craft Bier
SELBER BRAUEN

Revolution der Heimbrauer

Die Autoren

Im Jahre 1988 machte Fritz Wülfing im Rahmen seines Studiums für Verfahrenstechnik ein Praktikum in der Schultheiss-Brauerei. Nein, nicht die in Berlin, die in Weißenthurm. Die Brauerei ist Geschichte, aber der Biervirus hatte Fritz infiziert und er begann – beseelt von den ersten Kontakten mit den Rohstoffen und Wohlgerüchen der gesamten Bierbrauerei – das bewusste Biertrinken. Brauereien wurden besucht und Erfahrungen gesammelt; erst im Norden, dann im Süden Deutschlands und ganz besonders in Franken. Seine Frau Heike begleitete ihn und lernte nolens volens – war sie doch als Geisteswissenschaftlerin eher weniger an Brauereitechnik interessiert – auch so einiges über die Kultur des Brauens. Die Brauereitouren wurden in die europäischen Nachbarländer ausgedehnt; es folgten Belgien, England und die Tschechische Republik. Ende des letzten Jahrtausends kam es zum ersten Kontakt mit der Bierszene in den USA. Fritz war so beeindruckt, dass er nach seiner Rückkehr direkt mit dem Heimbrauen anfing, um den erlebten Genuss zu kopieren. 2010 machte er die Ausbildung zum Biersommelier und gründete seine eigene Biermarke, *FritzAle*. Inzwischen ist sie in *Ale-Mania* umbenannt worden, um Verwechslungen mit einer bekannten Limonade zu vermeiden. Der erste kommerzielle Sud geschah in der Braustelle von und mit Peter Esser, später ging es aus Kapazitätsgründen im Siegburger Brauhaus weiter. Dank der Offenheit des Braumeisters Karl Ulrich Tröger konnte und kann Fritz hier brauen, was er will. Um wieder die Nachfrage zu bedienen, folgte ein Jahr als Gypsy Brewer in der Vormann Brauerei. Die Erkenntnis der ersten drei Jahre lautete: Ohne eine eigene Brauerei geht es nicht. Zu groß sind die Kompromisse und der Einfluss anderer Brauer. Es besteht kein Zweifel, dass auch so sehr gute Biere zustande kommen, aber der Einfluss jedes einzelnen Menschen auf das Produkt ist größer als gedacht. Die Konsequenz war schnell gezogen: Bis 2015 wird eine Brauerei in Bonn-Beuel gebaut, so es Kapital, Behörden und die strapazierte Familie erlauben.

Craft Bier
SELBER BRAUEN

Revolution der Heimbrauer

Impressum

Math. Lempertz GmbH
Hauptstr. 354
53639 Königswinter
Tel.: 02223 / 90 00 36
Fax: 02223 / 90 00 38

info@edition-lempertz.de
www.edition-lempertz.de

Alle Rechte vorbehalten. Ohne ausdrückliche Genehmigung des Verlages ist es nicht gestattet, das Buch oder Teile daraus zu vervielfältigen oder auf Datenträger aufzuzeichnen.

Dieses Buch wurde nach bestem Wissen und Gewissen verfasst. Weder der Verlag noch die Autoren tragen die Verantwortung für ungewollte Reaktionen oder Beeinträchtigungen, die aus der Verarbeitung der Zutaten entstehen.

© 2014 Mathias Lempertz GmbH
Umschlagentwurf, Satz: Ralph Handmann
Titelbild: Fotolia
Lektorat: Philipp Gierenstein, Laura Liebeskind
Druck: CPI

Printed and bound in Germany

ISBN 978-3-943883-15-2

Bildnachweis

© Birra Amiata, Brouwerij De Molen, City Star Brewing Co, Hair of the Dog Brewing Co., Heidenpeters, Kehrwieder Kreativbrauerei, Raphael Mettler, Oskar Blues Brewing Co., Detlef Rick, Tim Schade, Thorsten Schoppe, Andreas Seufert, Sierra Nevada Brewing Co., Arnulf Striepecke, Truman`s Brewery, Klaas Twietmeyer, Vagabund Brauerei, Thomas Wachno, Wit`s End Brewing Co., Fritz Wülfing

© fotolia: artalis, radoma, Pushkarevskyy, Jeka84, Michael Fiedler, dragontw, fotofuerst, lukeruk, trotalo, asmakar, Morphart, Sergey Kapustin, paseven, rtguest, Eugene Vinitski, BasPhoto, Erica Guilane-Nachez, Denys Rudyi, momius, magdal3na, Dmytro Sukharevskyy, maksymowicz, Monkey Business, Peter Kim, zimmytws, Igor Klimov, scusi, Africa Studio, Arkady Chubykin, Nataliya Hora, fotopic, Joe Gough, zstock, ExQuisine, rcfotostock, Jaroslaw Grudzinski, Pavel Losevsky, stephenallen75, Micky75

© shutterstock: MaxyM, mubus7, inxti, Steve Holderfield, Linda Z, ,Alik Mulikov, amphaiwan, gori910, imstock, margouillat photo, Richard Griffin, Aquir, astudio, Atlaspix, squarelogo, ducu59us, Kyrien, Maria Egupova

Mut, Begeisterung, Fantasie, Genie

Manchen ist das Brauen in die Wiege gelegt: Eines meiner liebsten fränkischen Landbiere wird in einer kleinen Gasthausbrauerei zu Füßen des Walberla gebraut. Der Brauer beherrscht sein Handwerk aus dem Effeff, er ist damit aufgewachsen. Er hat die Kleinbrauerei von seinem alten Herrn übernommen und führt den Betrieb nun in der x-ten Familiengeneration weiter. Ein anderer Beruf kam für ihn niemals in Frage. Das beliebte „Dunkel" haben seine Vorväter schon so gebraut.

Ob er auch mal was Neues ausprobiert? – Er schaut mich mit großen Augen an: „Wozu?" Das war vor etwa 10 Jahren, heute bietet derselbe Brauer auch ein Helles an – das ist nicht so aufregend neu und reicht an sein bewährtes Landbier nicht heran. Dieser fränkische Brauer verfügt über handwerkliches Können. An Fantasie und Mut, etwas eigenständiges Neues zu wagen, mangelt es jedoch.

Manche schlagen mit dem Brauerberuf eine akademische Karriere ein. Sie lassen sich in neun oder zehn Semestern an den einschlägigen technischen Universitäten zum Brauingenieur ausbilden. Nach abgeschlossenem Studium gehen einige in die Industrie, wo sie vor Wänden von Computerbildschirmen sitzen und Prozesse steuern. Die Abenteuerlustigen unter ihnen lassen sich von einem Anlagenbauer engagieren, für den sie in Übersee Braustätten installieren und einfahren. Sie sind sicherlich mit Begeisterung bei der Sache, verstehen was von ihrem Metier, betreiben das Brauen aber eher wissenschaftlich und technisch mit teuren Apparaten.

Bei Fritz Wülfing liegt der Fall anders. Der Ingenieur für Telekommunikation tauscht seine Karriere peu à peu gegen das nackte Handwerk. Ihm wurde nichts in die Wiege gelegt, auch ein Braustudium hat er nicht absolviert, er hat sich die Kenntnisse selbst beigebracht und seine Anlagen selbst gebaut.

Ein Praktikum in einer Brauerei hat vor Urzeiten den Nährboden geschaffen, Reisen in die Biernationen dieser Welt haben sein Interesse geschürt, aber seine eigentliche Inspiration waren die Begegnungen mit amerikanischen Craft-Brauern. Erst da fing er zuhause das Maischen, Kochen und Gären an.

Wenn Wülfing sagt: „Craft-Brauen ist wie Heimbrauen, das geht mit einfachen Mitteln", dann spricht das zugleich für seine unprätentiöse Haltung und für sein Genie. Denn natürlich handelt es sich um einen komplexen Prozess mit vielen Stellschrauben. Es ist Wülfings Begeisterung für das Handwerk und seine Faszination für die Biervielfalt, die ihn befeuert, sich darein zu fuchsen, den Mut aufzubringen, eigene Wege zu gehen und mit Fantasie unverwechselbare Biere zu kreieren.

Genau diese Mischung aus Können, Begeisterung und Aufrichtigkeit macht die besondere Perspektive dieses Buches aus. Als Pionier der neuen deutschen Brauszene räumt Wülfing mit Mythen auf und bringt überraschende Statistiken aufs Tableau. Er beschreibt den Brauprozess so, dass Leser gleich loslegen möchten mit dem Heimbrauen. Und er stellt Rezepte vor, möglichst einfach, aber genial, auf dass viele es ihm nachtun. Er porträtiert seine liebsten Brauerkollegen aus den USA, Deutschland und dem europäischen Ausland liebevoll und mit aufmerksamem Blick fürs Handgeschraubte und Selbstgebaute – nicht zuletzt erzählen die Brauanlagen, woher die neuen Craft-Brauer kommen: Der Weg vom Heimbrauer zum Profi ist der Ursprung der Craft-Bier-Bewegung. Es ist Wülfings Weg, den er dank des Rückhalts in seiner Familie und durch die tatkräftige Unterstützung seiner Frau Heike gut meistern kann. Heike hat sich, obwohl sie geschmacklich eher dem Wein als dem Bier zugetan ist, über die Jahre mit der Craft-Bier-Bewegung, ihren Menschen und Eigenarten angefreundet und ist so zu einer leidenschaftlichen Mitstreiterin für die neue Braukultur geworden. Als Co-Autorin hat sie dem Buch Struktur verliehen und dafür gesorgt, dass es auch für bier-unbedarfte Leser verständlich wird.

Ich freue mich über dieses Buch, das wie kein anderes den Geist des „Craft Brewing" transportiert.

Sylvia Kopp, Berlin Beer Academy

Inhalt

1	**Einleitung**	1
2	**Geschichte (muss sein!)**	16
	Bierbrauen ist so alt wie die Menschheit	18
	1516 – Das bayrische (R)Einheitsgebot	25
	Neuzeit: Technischer Fortschritt in Kontinentaleuropa	32
	Britische Biergeschichte	37
3	**Die neue Bierkultur**	40
	Craft Beer und seine Brauer – was macht sie aus?	42
	Entwicklung des Craft Beers in den USA	45
	Statistik oder: Wo sind die Superlative?	48
	Grundlagen und Zutatenkunde für den Heimbrauer	53
	Hintergrundwissen	56
	Heimbrauen – so geht's!	61
4	**Leckere Rezepte**	68
	Alt	72
	Bitter	74
	Golden Ale	76
	Gose	78
	Imperial Stout	80
	Kölsch	82
	Porter	84
	Saison	86
	Wit Bier	88
	American Pale Ale	90
	India Pale Ale	92
5	**Die amerikanische Craft Beer-Szene**	94
6	**Die neue deutsche Bierszene**	110
	Brauer	113
	Brauer ohne eigene Brauerei	125
	"Ableger" der Braukonzerne	129
7	**Craft Beer in Europa**	132
	Pierre Celis und das belgische Wit	140
	Kölsch versus Alt	142
8	**Bierstädte**	144
9	**Wo gibt es gutes Bier und wie wird es verkostet?**	152

1 Einleitung

Noch ein Buch über Bier?! Aber ja! Denn hier geht's um Craft Beer!

Wir stimmen daher nur partiell mit Johann Wolfgang von Goethe überein, der schon im 18. Jahrhundert in einem Trinklied geäußert haben soll: „Bestaubt sind unsere Bücher, der Bierkrug macht uns klüger. Das Bier schafft uns Genuss, die Bücher nur Verdruss!" Deshalb soll im Folgenden nicht nur über die neue Craft Beer-Kultur berichtet, sondern auch zum Selberbrauen motiviert werden.

Doch was ist Craft Beer?

Das sind Biere, die neu und anders schmecken und von unabhängigen Freigeistern gebraut werden. Wenngleich die Kultur des Craft Beers sich von den **USA** über die ganze **Welt** ausbreitet, scheint eine Erneuerung der deutschen Bierlandschaft nur mühsam möglich zu sein. Dabei ist sie doch dringend notwendig, denn der deutsche Biertrinker ist vom üblichen Einheitsgeschmack gelangweilt; die sinkenden Absatzzahlen sprechen Bände.

Deshalb ist es jetzt an der Zeit, mit Mythen und gepflegtem Irrglauben über unser ältestes Kulturgetränk Bier aufzuräumen. Es ist wichtig, Interesse an der neuen und zugleich Traditionen wiederbelebenden Kultur der weltweiten Craft Beer-Szene zu wecken, die endlich auch deutsche Lande erreicht. Erfahren wir mehr über die vielfältigen, handgemachten Biere, um sie mit der gebührenden Wertschätzung zu genießen! 2016 wird ein großes Jubiläum gefeiert: Das älteste, angeblich unverändert gültige Lebensmittelgesetz der Welt feiert sein 500-jähriges Bestehen! Doch ist es tatsächlich unverändert geblieben? Und wie gestalten sich die Auswirkungen dieses sakrosankten Erlasses bayrischer Herzöge? Ist Deutschland noch immer die „führende Biernation" der Welt? Gibt es nicht schon andere Länder, in denen die geschmackliche Vielfalt des Bieres intensiver gelebt wird? Aber wir sind es doch, die die reinsten und besten Brauzutaten verwenden, die natürlich auch immer das beste Ergebnis hervorbringen! Oder? Was bedeutet „Reinheit" überhaupt? Ist es lediglich die Beschränkung auf bestimmte Zutaten? Oder sollte hier nicht vielmehr gerade die Qualität der einzelnen Rohstoffe im Vordergrund stehen? Nach dem Reinheitsgebot darf Bier mit pestizidbehandelter Gerste und Hopfen hergestellt werden, nicht aber mit Bio-Kräutern von kontrollierten Öko-Bauernhöfen. Hier wird Reinheit wohl mit Einschränkung verwechselt.

Wir werden erfahren, dass immer wieder – schon 40 Jahre nach Erlass des Reinheitsgebots und natürlich auch im heutigen Zeitalter – „Modifikationen" oder großzügige Interpretationen des Reinheitsgebots zugelassen oder gebilligt werden. Entsprechen die Getränke, die uns heute als „Bier nach dem Reinheitsgebot von 1516 gebraut" beggenen, diesem tatsächlich? Sind die Herstellungsmethoden tatsächlich traditionell? Oder hinterlassen die industriellen Prozesse, die viele Produkte durchlaufen, nicht doch einheitliche, möglichst lange haltbare Produkte? Oft wird das Bier dabei mit Stoffen und Methoden manipuliert, die so gar nichts mit dem Reinheitsgebot gemein haben. Unser Geschmack ist durch die Produkte großer Braukonzerne so global geschult, dass wir davon abweichende geschmackliche Vielfalt als störend empfinden. Bier ist zu einem schnöden Produkt verkommen, das nur noch vermarktet wird. Die jahrzehntelange Doktrin in einem protegierten Markt hat die deutschen Biertrinker jeglicher kulinarischer Kritikfähigkeit beraubt.

Das ist nicht überall so, denn längst hat sich ausgehend von den USA, wo in einer trostlosen Bierwüste vor 30 Jahren die Entwicklung begann, eine neue Bierkultur, eben die des Craft Beers, über die ganze Welt verbreitet. In den USA hat diese Kultur schon über 3000 Brauereien hervorgebracht, die meistens auf der Initiative von Heimbrauern basieren. Es sind gerade die freigeistigen Autodidakten, die angetrieben durch ihre Passion den Schritt in die Profession gehen. Erstaunlicherweise hat gerade die hohe Bildung der Brauer in Deutschland eher verhindert, dass die Biervielfalt wächst und neue Brauereien entstehen. Dabei ist das Potenzial in jeder Hinsicht vorhanden. Einige Vertreter dieses hoffnungsvollen Potenzials – in Deutschland und weltweit – sollen deshalb auch hier vorgestellt werden. Sie haben die Bierkultur maßgeblich beeinflusst, sind besonders oder haben Neues bewirkt. Dabei wird sehr oft der Bierstil *India Pale Ale*, kurz IPA, erwähnt. Dieser Stil ist *das* Produkt der neuen Craft Beer-Szene. Entstanden im England des frühen 19. Jahrhunderts, ist die Neuinterpretation des IPAs in den USA typisch für das unangepasste Brauen neuer Stile.

Um noch mehr Potenzial zu wecken, soll hier auch zum Heimbrauen animiert werden. Denn wer zu Hause braut, interessiert sich für Bier und erwirbt tiefgreifende Kenntnisse über dieses wundervolle Getränk. Er gibt dieses Wissen weiter, sei es in Worten oder durch Taten, sprich leckere Biere. Die Folge ist eine bessere Bildung und eine Aufwertung unseres liebsten Kulturgetränks.

Von dort, wo Craft Beer schon längst eine hohe Wertschätzung erfährt, stammen denn auch die wegweisenden Worte eines weisen Mannes, Benjamin Franklin, mit denen wir diese kleine Einführung beenden: „Beer is living proof that God loves us and wants to see us happy." („Bier ist der lebende Beweis dafür, dass Gott den Menschen liebt und ihn glücklich sehen will.")

2 Geschichte (muss sein!)

Bier ist das älteste Kulturgetränk der Menschheit. Oder, noch besser: Mit der Erfindung des Biers begann auch die Entwicklung der menschlichen Kultur! Was provozierend klingen mag, ist dennoch wahr und belegbar, wie wir im Folgenden erfahren werden. Kann es Zufall sein, dass Bier genau dann in Erscheinung trat, als der Mensch sich vom Nomaden zum sesshaften Bauern entwickelte? Wir sehen hier, dass der Anbau von Getreide und seine Verarbeitung ganz natürlich und untrennbar mit Bierbrauen verbunden sind.

Wie also fing alles an? Und was ist passiert, dass wir uns heute an einem Wendepunkt des Biergenusses befinden? Die folgende Darstellung der geschichtlichen Entwicklung kann dabei nur einen kleinen launigen Einblick geben und fokussiert sich auf einige für uns wesentliche Ereignisse und Personen.

Bierbrauen ist so alt wie die Menschheit.

Im fruchtbaren Zweistromland und im Land des Nils wusste man schon lange, bevor die Stämme des heutigen Europas Bier für sich entdeckten, was gut ist. Im 4. Jahrtausend vor Christus erfand das älteste Kulturvolk unserer Erde, die Sumerer, das Bier. Praktischerweise entwickelten sie auch die Schrift, so dass es in Stein und Ton gemeißelte Dokumente gibt, die diesen entscheidenden zivilisatorischen Schritt dokumentieren. Der Brauvorgang selbst ist, der Epoche geschuldet, simpel, doch zielführend: Man lasse Getreidebrei aus unterschiedlichen Gersten- und Weizenarten einige Tage stehen. Dieser Brei beginnt zu gären und nach kurzer Zeit ist ein zwar recht trübes, aber dennoch leckeres Getränk zur Hand: Bier!

So kannte man später in Mesopotamien schon 20 verschiedene Biere. Manche wurden aus Emmer, andere aus reiner Gerste und wieder andere aus einem Getreidegemisch hergestellt. Dementsprechend war die Biervielfalt: Dünnbier, weißes und rotes Bier, Schwarzbier und Prima-Bier. Sie alle waren ungefiltert und mussten deshalb aus Röhrchen (ob hier wohl die Kölschstange in direkter Traditionslinie steht?) getrunken werden.

Gibt es noch mehr Beweise für die Kulturhoheit des Biers? Oh ja, denn sogar das erste Epos der Weltliteratur, das Gilgamesch-Epos aus dem 3. Jahrtausend vor Christus, zeugt davon, wie bedeutend Brot und Bier waren.[1] Hier ist es der zuvor noch in der Steppe lebende Urmensch, der sich durch Brot- und Bierherstellung zum kultivierten Menschen entwickelt. Damit nicht genug: Die Sumerer hatten sogar eine eigene Göttin des Bieres: Ninkasi.[2] Ihr wurden ganze Hymnen gewidmet, die nebenbei noch Bierrezepte beinhalteten ...[3]

---

1 http://www.canuseum.de/biergeschichte/geschichte.htm
2 Peter Eichhorn: Von Ale bis Zwickel, das ABC des Bieres, Berlin 2012, S. 9 ff.
3 Die Übersetzung aus dem Sumerischen findet sich hier: http://www.piney.com/BabNinkasi.html, The Electronic Text Corpus of Sumerian Literature, Oxford)

Auch die Ägypter ließen ihr halbfertig gebackenes Brot mit Wasser vergären und erhielten auf diese Weise diese Art des Ur-Biers. Zum Beleg des weit verbreiteten altägyptischen Bierkonsums kann hier sogar auf die Rudimente einer ganzen Brauerei verwiesen werden, die sich etwa 900 Kilometer südlich von Kairo befinden. Bier war auch als Zahlungsmittel durchaus üblich: Beim Bau vieler Pyramiden standen einem Arbeiter täglich drei bis vier Laib Brot und zwei Krüge Bier zu – dass dies die Qualität der Bauwerke positiv beeinflusste, sehen wir heute noch, denn die Pyramiden in Cheops, Chephren und Mykerinos in Gizeh stehen auch noch nach mehr als 2.500 Jahren.

Kommen wir kurz zu den Griechen und Römern, die dem Bier nicht die Beachtung schenkten, wie es die Hochkulturen zuvor taten. Beide Reiche gingen unter – wir ahnen, warum ... Die Römer tranken Bier, das sie Cervisia, nach der Göttin der Feldfrüchte, Ceres, nannten. Doch Cervisia war für sie, wie auch für die Griechen, ein eher unelegantes Getränk, sie bevorzugten den Wein. Dennoch war es ein Römer, Gaius Plinius der Ältere, der sich als erster Wissenschaftler überhaupt mit dem Hopfen beschäftigte und das Hanfgewächs in seiner umfangreichen naturwissenschaftlichen Enzyklopädie erörterte. Nur zwei Jahrtausende später werden wir sehen, dass sich die heutigen Römer viel mehr für Bier begeistern.

Da unsere Vorfahren, die Germanen, lange Analphabeten waren, gibt es keine vorchristlichen Belege für ihre Braukünste. Doch um 800 vor Chr. lassen sich endlich auch die ersten Spuren einer deutschen Bierkultur dokumentieren: Im Maintal bei Kulmbach wurden Bieramphoren gefunden, die einem Germanen als Wegzehrung mit ins Grab gelegt wurden. Sicher ist, dass die germanischen Gelage und Trinkgepflogenheiten den Römern imponierten, wenn man den römischen Geschichtsschreibern wie etwa Tacitus folgt. Und Bier und Met spielten eine ganz wesentliche Rolle bei den häufigen Feiern – die Geschichte der Menschheit ist eben auch eine Geschichte des Genusses ...[4]

---

4 Siehe auch: http://www.bier-lexikon.lauftext.de/germanen.htm, Philipp Lohberg (PhiloPhax), Tel.: +49 (0) 70 31 / 74 50 59, Fax.: +49 (0) 70 31 / 74 50 61, 71088 Holzgerlingen - Gerokstr. 2, eMail-Adresse philophax@philophax.de .

Was verdanken wir unseren Vorfahren? Die Germanen entwickelten die Bierzubereitung weiter. Sie entdeckten, dass es schon genügt, Getreidekörner keimen zu lassen und dann zu trocknen. So wurde also nicht mehr zuerst Brot gebacken und aufgeweicht, sondern Getreide auf einem Rost über einer Feuerstelle ausgebreitet und so die noch grünen Körner getrocknet. Später wurde aus diesem Verfahren die Malzdarre entwickelt, die Jahrhunderte ihre guten Dienste tat. Die Germanen entdeckten auch, dass gekochte Bierwürze die Qualität des Biers erhöht. So wurde das Biersieden über dem Lagerfeuer Pflicht in vielen germanischen Dörfern. Die dazu nötigen Bronzekessel fassten etwa 500 Liter und waren, wen wundert's, überaus wichtig für unsere Vorfahren. So ist es nur konsequent, dass sich der größte germanische Braukessel im mystischen Walhalla befand. Übrigens war auch hier eine weibliche Gottheit für das Brauen zuständig: Frigga. Sie ist die göttliche Stellvertreterin der vielen Frauen, die bis ins Mittelalter hinein für die Zubereitung des Biers zuständig waren. Der Braukessel galt als übliche Mitgift und es war gute Sitte, dass eine Frau, die gebraut hatte, ihre Nachbarinnen zu einem „Bierkränzchen" einlud. Eine fröhliche Tradition, die in der Neuzeit im Kaffeekränzchen ihre Fortsetzung fand.

Eine ganz besondere dieser brauenden Frauen des Mittelalters war Hildegard von Bingen, die im 12. Jahrhundert als Naturforscherin und Ärztin ihr Wissen und Können auch in vielen anderen Bereichen unter Beweis stellte. Sie dokumentierte die Heilwirkung des Hopfens, der insbesondere zur Beruhigung der Nerven und des Magens dient. Hildegard von Bingen empfahl auch eine weitere Bierzutat, die Gerste, die Magen und Darm harmonisiert und stärkt. Dass sie sich nicht nur wissenschaftlich mit Hopfen und der Braukunst beschäftigte, sondern einen Schluck des Gerstensafts wohl nicht verschmähte, belegt ihr hohes Alter: Die Benediktinerin starb erst mit 81 Jahren, ein für diese Epoche unglaublich hohes Alter. In ihrem Buch über Krankheiten, deren Ursachen und Heilverfahren, *Causae et Curae*, riet sie deshalb ganz klar zum Biergenuss: Cervisiam bibat! („Man trinke Bier!")

Eine Wendung, zu der es schon im 8. Jahrhundert kam, verdient besondere Beachtung: Hopfen wurde nun als Würz- und Haltbarkeitsmittel verwendet! Damit wurde fortan immer mehr Bier mit dem aromatischen Bitterkraut gebraut, das in seiner Beschaffenheit und seinem Geschmack dem bei uns heute gängigen ähnelt. Eine Wendung in der menschlichen Zeitgeschichte, für die vor allem der männliche Autor dieses Textes nicht dankbar genug sein kann (ja, es gibt Hopfensüchtige!). Die Hopfenbiere setzten sich durch – sie waren wegen der konservierenden Wirkung des Hopfens haltbarer und ließen sich exportieren.

Das noch immer, vor allem aber zuvor weit verbreitete Gruitbier verdirbt schneller und fällt auch geschmacklich eher anders aus. Gruit ist eine immer wieder unterschiedlich komponierte Kräutermischung, die bis ins 13. Jahrhundert die einzige übliche Zugabe bei der Würzekochung war.

Bier war also *das* Getränk des Mittelalters – denn es hatte einen geringeren Alkoholgehalt als das uns heute bekannte und war zudem durch den Kochvorgang weitgehend keimfrei. Darüber hinaus können im Bier keine bekannten pathogenen – also keine gesundheitsschädlichen – Keime existieren. Somit war es das „sicherste" Getränk der Zeit.

Wie verbreitete sich unser gutes Bier im Mittelalter? Die deutschen Städte entwickelten sich zu beliebten Handelsorten, auch das Braugewerbe trug zur wirtschaftlichen Blüte bei. Zunächst waren es vor allem die norddeutschen Hansestädte wie Bremen und Hamburg, die große Mengen Exportbier nach Holland, Flandern, England und Skandinavien lieferten. Es ist also nicht weiter verwunderlich, dass es in Hamburg im 16. Jahrhundert bereits um die 600 Brauereien gab. Das blühende Exportgeschäft und der heimische hohe Bierkonsum weckten das Interesse des städtischen Fiskus und so entstanden Steuerbehörden, die Produktions- und Verkaufssteuern erhoben.

Neben dieser für den Konsumenten und Produzenten eher weniger erfreulichen Entwicklung erfolgte eine weitere entscheidende Reglementierung des Brauwesens, von der wir im nächsten Kapitel ausführlicher sprechen werden: das bayrische Reinheitsgebot.

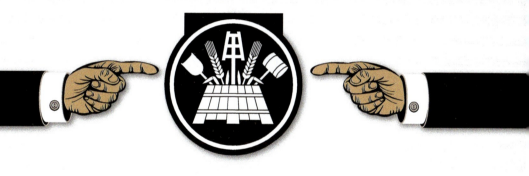

1516
Das bayrische
(R)Einheitsgebot

Kommen wir nun zu dem weltweit be- und anerkannten bayrischen Reinheitsgebot. Vermeintlich unantastbar, wirft es bei genauerer Betrachtung jedoch einige grundsätzliche Fragen auf: Was waren die wahren Gründe für seinen Erlass? Welche Konsequenzen ergaben sich daraus für die verschiedenen brauenden Akteure aus Adel und Handwerk? Hat sich das Reinheitsgebot tatsächlich als Vorteil für die geschmackliche Vielfalt des Bieres erwiesen? Wer ist verantwortlich für den Erlass des Gebots und hat davon am meisten profitiert?

Beginnen wir mit der Frage, die am einfachsten zu beantworten ist: Die beiden Brüder und Herzöge von Bayern, Wilhelm IV. und Ludwig X., einigten sich im Rahmen einer einheitlichen Landesordnung auch auf die Reinheit des Bieres. Auf der Vorlage des bereits existierenden Münchner Gebots vom 1487 formulierten sie die bekannte Regel vom 23. April 1516. Die Vorschrift ist seitdem in aller Munde und jedem im Gedächtnis: Zur Herstellung von Bier sollen ausschließlich Gerste, Hopfen und Wasser verwendet werden (ein vielleicht schon wegen seiner Einfachheit leicht zu memorierendes und auch deshalb so berühmtes Gebot?).

> Betrachten wir jetzt die drei möglichen Hauptbeweggründe für den Erlass und schauen anschließend auf deren Folgen:

1. Wilhelm IV. und Ludwig X. waren fürsorgliche Herrscher, die sich um die Gesundheit ihrer Untertanen sorgten. Denn anstatt nur mit dem beruhigenden Hopfen und allerlei schmackhaften und gesundheitsfördernden Kräutern wurden im Mittelalter viele Biere mit berauschenden und oft gesundheitsschädlichen Zutaten zubereitet. Hier galt es also, bösen Brauern das Handwerk zu legen!

2. Ein zweites, ebenso lauteres Motiv mag gewesen sein, dass die Fürsten die Versorgung der hungernden Menschen mit Weizen und Roggen sicherstellen wollten. Oft wurden diese Getreidesorten als Zutaten der Bierherstellung verwendet und standen so nicht für das Backen des Grundnahrungsmittels Brot zur Verfügung, das in den krisengeschüttelten, mittelalterlichen Zeiten existentiell war.

3. Seit dem 8. Jahrhundert wurde in der bayrischen Region Hallertau Hopfen angebaut, während weiter im Norden, vom Rheinland bis zur Küste, eine Kräutermischung namens Gruit zum Bierbrauen verwendet wurde. Das bayrische Reinheitsgebot verschaffte somit seinen heimischen Brauern einen feinen Wettbewerbsvorteil.

Hinzu kommt, dass der Erlass nur in „Städten, Märkten und auf dem Lande" galt – ausgenommen waren also die herrschaftlichen Höfe. Und damit kommen wir zu des Pudels Kern: dem Weizenbiermonopol. Neben den drei oben genannten Gründen dürfte dies eine wohl durchdachte, denn wirtschaftlich ergiebige Konsequenz des Reinheitsgebots sein. Die Motive erscheinen uns hier weit weniger edel als landsmannschaftlich motiviert.

Bereits am 3. August 1548 verlieh Herzog Wilhelm IV. – der uns wohlbekannte Fürst, dem wir das Reinheitsgebot verdanken – seinem Landhofmeister in Niederbayern, Hans VI. von Degenberg, das Privileg, im nordostbayrischen Raum Weiß- oder Weizenbier zu brauen und zu verkaufen. Das sogenannte „Weiße", ein Bier aus Weizen, hatte im 15. Jahrhundert von Böhmen kommend seinen Weg über die Oberpfalz nach Niederbayern in bayrische Gaumen gefunden. Allerdings war es nur den Herzögen erlaubt, Bier aus Weizen zu brauen und es erfreute sich, vielleicht auch wegen dieser Exklusivität, immer größerer Beliebtheit. So wurde ein lukratives, herrschaftliches Monopol geschaffen, denn das „Weiße" war eine bedeutende Einnahmequelle der bayrischen Herzöge. Wir sehen, das Reinheitsgebot wirkte hier als schützendes Instrument für einige wenige Privilegierte und als ergiebig sprudelnde Quelle für Steuereinnahmen. Daran hat sich übrigens bis heute nichts geändert, wie wir später noch erfahren werden …

Nachdem der letzte Degenberger gestorben war, erhielten die Wittelsbacher das ausschließliche Recht zurück. Sie bauten in den nächsten 200 Jahren eine stattliche Anzahl von Hofbräuhäusern in ihrem Herrschaftsgebiet. Das Weizenbier erwies sich als höchst profitabel: Jedes Wirtshaus, das eigenes Braunbier (also Gerstenbier) verkaufen wollte, musste auch sein Weizenbier vom nächstgelegenen Hofbräuhaus beziehen. Ändern sollte sich dies erst im 19. Jahrhundert durch
die napoleonischen Reformen, dann war es auch privaten und klösterlichen Brauereien erlaubt, Weizenbier herzustellen.

Kommen wir nun zu einem weiteren gepflegten Irrtum über das Reinheitsgebot: Die ursprüngliche Form des Gebots sei bis zum heutigen Tage gültig. Wenngleich sich manche gern dafür feiern lassen würden: Abgesehen von der zuvor beschriebenen speziellen Regelung für Hans von Degenberg gab es schon 1551 eine weitere Ausnahme von der Regel: Koriander und Lorbeer wurden dank eines herzoglichen Erlasses als weitere Zutaten erlaubt (wer weiß, welcher Adlige sein Herz für diese Kräuter erwärmte?). 65 Jahre später, 1616, ließ die bayrische Landesverordnung zudem Salz, Wacholder und Kümmel zur Bierproduktion zu.

Ein anderer kritischer Punkt bei der Formulierung des Reinheitsgebots ist die Verwendung von Hefe. Obwohl doch Hefe für den Brauprozess unabdingbar ist, gibt es hierzu keinerlei Angaben in der Version von 1516. Dies mag, so die freundliche Annahme, daran liegen, dass die Existenz derartiger Mikroorganismen noch nicht bekannt war. Allerdings war den Brauern die genaue Wirkungsweise der Hefe bei der alkoholischen Gärung durchaus geläufig. Sie verwendeten die Hefe unter dem differenzierten Namen „Zeug" und gaben sie nach dem letzten Gärvorgang in die frische Bierwürze. Das erfreuliche Resultat war eine schnellere und zuverlässigere Fermentierung. Generell stellt sich hier die Frage, ob man das stetig wachsende mikrobiologische Wissen nicht auch in das Reinheitsgebot einfließen lassen sollte. Übrigens: Auch die Zutat „Gerstenmalz" wurde erst später eingefügt. Soviel zum seit 1516 unverändert gültigen Gebotstext ...

Abgesehen von den zuvor beschriebenen Modifikationen, die das Reinheitsgebot schon in den ersten Folgejahren erlitt, war es in den nächsten über 300 Jahren eher obsolet, denn die europäischen Kriege und Revolutionen prägten auch die Biergeschichte. Was und wie gebraut wurde, war eher eine individuelle Entscheidung, da es kaum Kontrollen gab. Außerdem wurde Bier in dieser Zeit überwiegend in Klöstern und Haushalten gebraut, wo eine nie wieder erreichte Vielfalt an Biersorten hergestellt wurde. Die Dokumente alter Rezepte zeugen von großer Kreativität und Genussfreude – Quellen, die es für neuzeitliche Brauer übrigens wiederzuentdecken gilt!

Nach Jahrhunderten der Zersplitterung der deutschen Lande wurde 1871 das Deutsche Reich gegründet. Die Bayern forderten die Übernahme ihres Reinheitsgebots für das gesamte Reich und machten ihren Beitritt von dieser Forderung abhängig. Was nach politischem Druck klingen mag, hatte für den neuen Staat den angenehmen Nebeneffekt einer zusätzlichen Einnahmequelle durch die Bierbesteuerung. Interessanterweise erhielt das Reinheitsgebot als Gesetz Einzug in die Steuergesetzgebung und nicht etwa in eine lebensmittelrechtliche Verordnung. Die Umsetzung erfolgte erst 1906, am 7. Juni. Und als nach dem Ende des Ersten Weltkrieges die Weimarer Republik gegründet wurde, machte Bayern erneut seine Zugehörigkeit zur Republik von der Geltung „seines" Reinheitsgebots abhängig. Eine gesetzliche Vereinheitlichung, die das Verschwinden vieler origineller Biersorten von der deutschen Bier-Tagesordnung zu verantworten hat …

Durch die Vielzahl an Modifikationen über die Jahrhunderte stellt sich die aktuelle Variante des Reinheitsgebots daher eher grotesk dar: Immer noch mit den vier Grundzutaten beworben, sind für obergärige Biere diverse andere Zutaten erlaubt, die wir hier aus dem Gesetz mit dem wohlklingenden Namen „Vorläufiges Biergesetz von 1993" zitieren: „… es ist hierbei jedoch auch die Verwendung von anderem Malz und die Verwendung von technisch reinem Rohr-, Rüben- oder Invertzucker sowie von Stärkezucker und aus Zucker der bezeichneten Art hergestellten Farbmitteln zulässig." Neben diesen harmlos klingenden Zutaten sind zur Bierbereitung aber auch weit weniger schmackhafte Mittel durchaus statthaft. Hopfenextrakt, gelöst durch Kohlendioxid, ist da eher noch die harmlose Variante, gelöst durch Hexan oder Methylenchlorid wird es schon weniger appetitlich.

Mit physikalischen Methoden darf fertiges Bier nämlich in jeder Art und Weise malträtiert werden. Gesundheitlich unbedenklich ist dabei eine Pasteurisierung oder Kurzzeiterhitzung, die das Bier allerdings zu einer toten Konserve macht. Bedenklich, da noch nicht einmal deklarationspflichtig, ist die Stabilisierung durch Polyvinylpolypyrrolidon (PVPP), einem weißen Pülverchen aus der Chemiefabrik, welches dem Bier beigemischt wird, um ihm unerwünschte Substanzen zu entziehen. Trotz einer Behandlung im Kieselgurfilter bleiben davon immer noch Reste im reinen Bier. Der Geschmack bleibt hier freilich auf der Strecke.

Genau hier kommt Craft Beer ins Spiel, das jenseits aller Ge- und Verbote geschmackliche Vielfalt mit handwerklicher Leidenschaft kombiniert. Craft Beer-Brauern ist das Reinheitsgebot völlig egal. Sie brauen ihre Biere mit allen möglichen, natürlichen Rohstoffen, zu denen neben Hopfen und Malz auch Kräuter, Rohgetreide, Früchte, Kaffee und viele weitere leckere Zutaten verwendet werden. Zum Glück gibt es die angelsächsischen Begriffe „Ale", „Stout", „Porter" und Konsorten, mit denen kreative Brauer ihre nicht-gebotskonformen Biere klassifizieren können. Die begriffliche Differenzierung zeigt zugleich, dass die Sorten- und Geschmacksvielfalt das Ziel der Craft Beer-Brauer ist – zum Glück!

Neuzeit: Technischer Fortschritt in Kontinentaleuropa

Politik ist zwar wichtig, aber die fortschreitende technische Entwicklung – insbesondere die der Industrialisierung – hatte einen mindestens ebenso großen Einfluss auf das Brauwesen. Wir konzentrieren uns im Folgenden auf drei herausragende Persönlichkeiten, die in Kontinentaleuropa zur technischen Weiterentwicklung der Bierproduktion einen wesentlichen Beitrag geleistet haben. In einem weiteren Kapitel wird ein Blick auf die Britischen Inseln geworfen, die schon 100 Jahre vor den Bestrebungen auf dem europäischen Festland wichtige, weiterführende Impulse entwickelten. Auch hier müssen wir wieder mit einer weitläufig verbreiteten Annahme aufräumen – nämlich der, dass Deutschland federführend war.

Zunächst sollen Leben und Wirken des österreichischen Brauers Anton Dreher, des Münchners Gabriel Sedlmayr und des Dänen Emil Christian Hansen betrachtet werden. Der Österreicher Anton Dreher war es, der das untergärige Lagerbier auf dem europäischen Festland lancierte. Er hatte schon früh erkannt, dass es für diese Bierart ganz entscheidend war, gut gekühlt und gelagert zu werden. Also lagerten die Biere seiner *Brauerei Schwechat* in riesigen Kellern, die eine durch Natureis möglichst gleichbleibend kalte Raumtemperatur gewährleisteten. Weil die Geschäfte gut gingen, setzte Anton Dreher 1850 eine Dampfmaschine im Brauprozess ein. Mitte des 19. Jahrhunderts war seine Brauerei dann die größte des europäischen Kontinents. Auch in den Folgejahren ging es mit der Brauerei Schwechat immer weiter bergauf, der massenhafte, weltweite Export des Lagerbieres nahm hier seinen Anfang. Falls Sie sich wundern, dass Sie noch nie von der Brauerei Schwechat gehört haben: Seit den 1970er Jahren gehört sie zum *Heineken* Konzern.

Kommen wir zu Gabriel Sedlmayr, dem Besitzer der Brauerei Spaten. Sedlmayr war neben seiner Profession als Brauer und Unternehmer auch ein großer Förderer des Ingenieurs und Erfinders Carl von Linde, dem die Entwicklung der ersten dauerhaft funktionierenden Kältemaschine zu verdanken ist. Gabriel Sedlmayr erkannte als Erster den Nutzen dieser Maschine für das Brauwesen, die eine Gärung bei konstanter Temperatur gewährleistet. 1873 setzte Sedlmayr die Kältemaschine als erste kommerziell genutzte ihrer Art in seiner Brauerei ein. Viele Betriebe folgten seinem Beispiel und wurden unabhängig von Natureis und kalter Witterung.

Als Dritter soll der dänische Botaniker Emil Christian Hansen vorgestellt werden. Ihm gelang es als erstem, eine einzelne Bierhefezelle zu isolieren und in Reinzucht zu vermehren. Er beschäftigte sich als Angestellter des Labors der Carlsberg Brauerei in Kopenhagen mit mikrobiologischen Fragen der Hefereinzucht. Dabei entdeckte er, dass Hefe ein einzelliger Pilz ist und einzelne Stämme in Reinzucht isoliert und kultiviert werden können. Die von ihm 1883 entdeckte und beschriebene untergärige Hefe wurde unter dem Namen *Saccharomyces carlsbergensis* bekannt. Dank dieser Erkenntnisse kann eine gleichbleibende Qualität des Bieres gesichert werden. Heute gilt die durch ihn entwickelte Methode in allen Brauereien der Welt als *das* etablierte Verfahren für die Vergärung des Bieres.

Dadurch trat das helle Lager seinen Siegeszug um die Welt an und verdrängte nach und nach die obergärigen Biere.

Und doch gab es einen kleinen Teil der Welt, der dem Lager-Druck nur partiell nachgab: Diese vermeintlich störrischen Nicht-Lagertrinker fanden sich vor allem auf den Britischen Inseln, aber auch in Belgien.

Britische Biergeschichte

Die Tatsache, dass Ethelbert, König von Kent, schon zu Beginn des 7. Jahrhunderts n. Chr. die Zahl der Ale-Verkäufer per Erlass einschränken ließ, zeugt von der Bedeutung der Braukunst in England. Drei Jahrhunderte später ließ einer seiner Nachfolger auf dem Königsstuhl von Kent die Größe der Ale-Trinkgefäße genau festlegen – wiederum ein Zeichen für den selbstverständlichen und alltäglichen Konsum des Gebräus. Auch mit der Verbreitung des Christentums wurde der Ale-Genuss nicht weniger. Die ehemals heidnischen Bräuche, bei denen das Trinken von Ale eine große Rolle spielte, ließen sich ebenfalls hervorragend in die neue Religion integrieren. So war also das Bierbrauen, ähnlich wie in den deutschen Landen zur selben Zeit, eine in den Klöstern und Höfen weit verbreitete Tätigkeit, um den eigenen Bedarf zu befriedigen.

Im 16. Jahrhundert wurde verstärkt mit Hopfen gebraut – zuvor waren oft nur Gerste und Wasser die Zutaten. Im gleichen Jahrhundert war es dem Kardinalsdekan von St. Pauls zu verdanken, dass Ale erstmals auch in Flaschen abgefüllt wurde, Biergenuss also nicht nur zu Hause, sondern auch unterwegs möglich war. Die Nachfrage nahm beständig zu und neben den kleinen, privaten Braustätten entstanden allerorts Brauereien, die zugleich auch Mittelpunkt des sozialen Lebens waren – der Pub war geboren!

Im 18. Jahrhundert wuchs die Zahl der kommerziellen Brauer, die nicht im eigenen Pub, sondern in den neuen, großen Brauereien arbeiteten. Die Epoche der Industrialisierung Englands begann – nahezu 100 Jahre, bevor sie Kontinentaleuropa erreichte. Die Erfindung der Dampfmaschine war hier der entscheidende Faktor für die massive Vergrößerung einzelner Brauanlagen. Die Muskelkraft wurde durch Rührer, Pumpen und Mühlen ersetzt und es konnten immer größere Sudwerke in Betrieb genommen werden.

Das Ende des 18. und der Anfang des 19. Jahrhunderts war für das Brauwesen auf der Insel eine Zeit des Experimentierens und der Innovation, die durch modernes Brau-Equipment und Ausdehnung der Lagerkapazität möglich gemacht wurden. Große Brauereien wie *Barclay Perkins Co's Anchor Brewery* in Southward London erreichten schon 1809 die jährliche Produktionsmenge von 260.000 Barrel Bier – umgerechnet etwa 310.000 Hektoliter – und war damit zur damaligen Zeit die größte Brauerei der Welt: Eine über die Grenzen Englands hinaus bekannte und beeindruckende Attraktion, die selbst Otto von Bismarck mit einem Besuch beehrte. Barckley Perkins ging 1955 in *Courage* auf, deren Marken heute von *Wells and Youngs* wieder gebraut werden.

Die unschöne Kehrseite dieses Wachstums zeigt die üblichen Begleiterscheinungen der Industrialisierung: Konzentration – das Verschwinden von vielen kleinen, traditionellen Brauereien – und Rationalisierung – immer weniger Menschen werden für den Brauprozess von immer mehr Bier eingesetzt. Eine Entwicklung, die die Britischen Inseln prägte und die Zentraleuropa erst später erreichen würde.

Nach einer langen Zeit des Booms begann im 20. Jahrhundert der Niedergang der britischen Brauindustrie. In den Jahren zwischen den beiden Weltkriegen wurde nur noch die Hälfte der Biermenge produziert, die zuvor gebraut wurde. Schließlich erreichte Mitte des 20. Jahrhunderts der Trend zu haltbaren Bieren mit stabilisiertem Geschmack auch die Britischen Inseln. Ales wurden gefiltert und pasteurisiert, dann fix und fertig an die Landlords ausgeliefert, die diese sofort ausschenken konnten. Der Gegensatz zur traditionellen englischen Brauart der *Real Ales* ist offensichtlich: Diese Ales verlassen die Brauerei kurz nach der Hauptgärung und unterlaufen noch eine Reifung in den Kellern des Pubs, dann erst werden sie von den kenntnisreichen Wirten per Handpumpe genussfertig serviert.

Später trat das helle Lager auch auf den britischen Inseln seinen Siegeszug an und hätte fast die traditionellen Ales verdrängt. Doch glücklicherweise gibt es sie noch – und in jüngster Zeit werden sie immer mehr. Die Rückbesinnung auf gute, alte Traditionen begann allerdings erst in den 1980er Jahren, zunächst ganz zaghaft, doch bis zum heutigen Tage immer weiter zunehmend. Angefangen mit reinen Brewpubs haben wir es aktuell mit einer geradezu explosionsartigen Zunahme von Craft Beer-Brauereien zu tun. Gerade die alte Bierhauptstadt London entwickelt sich in diesen Tagen zur neuen Hochburg des Biergenusses: Mehr als 40 Brauereien – Tendenz steigend! – zählt die britische Metropole derzeit.

An dieser positiven Entwicklung in Großbritannien ist vor allem auch die „Campaign for Real Ale" (CAMRA) beteiligt. Diese erste Interessengemeinschaft von Bierkonsumenten gründete sich in den 1970ern, als die Real Ale-Kultur zu verschwinden drohte. Die CAMRA setzte sich erfolgreich für einen Erhalt ein. Heute zählt die CAMRA rund 150.000 Mitglieder und veranstaltet neben regelmäßigen Treffen auch zahlreiche Bierfeste, wie etwa das „Great British Beerfestival". Sehr zu empfehlen für Biergenießer, die die Welt des britischen Real Ales erleben wollen.

3 Die neue Bierkultur

Die Craft Beer-Bewegung ist eine neue Bierkultur, deren Anfänge in den ausgehenden 1970er Jahren der USA datieren. Von dort aus breitete sich die Kultur über die ganze Welt aus; neben Australien, Neuseeland und Japan hat es vor allem auch Europa erwischt. In den letzten fünf Jahren hat sich der neue „Biervirus" rund um Deutschland ausgebreitet. Getrieben durch den Enthusiasmus und die Passion der Brauer, Heimbrauer und Biertrinker befällt dieser Virus immer mehr genussfreudige Menschen. Endlich tauchen auch erste Fälle in Deutschland auf. Zuvor hatte sich das Land durch das Allheilmittel, genannt Reinheitsgebot, lange erfolgreich gegen Craft Beer und eine Erneuerung der Bierkultur wehren können.
Doch was bedeutet Craft Beer und wieso ist hier von einer neuen Bierkultur die Rede? Im Folgenden soll eine kurze, verständliche Definition von Craft Beer und den dazugehörigen Brauern vorgestellt werden. Zur Verdeutlichung soll anschließend eine Exkursion ins Mutterland der Bewegung und ihre Auswirkungen auf den Rest der Welt unternommen werden.

Craft Beer und seine Brauer – was macht sie aus?

Bevor wir uns weiter mit dem Land der unbegrenzten Braumöglichkeiten beschäftigen, sollten wir klären, was überhaupt Craft Beer ist. Craft bedeutet „Handwerk" und „von Hand fertigen", in Kombination mit „Beer" ist noch viel mehr zu erwarten: Hier geht es um Biere, deren Geschmack alles, aber nie gewöhnlich ist. Sie werden fast immer in kleinen Mengen individuell gebraut und haben ihren eigenen Charakter – dies gilt übrigens auch für die Menschen, die Craft Beer mit viel Leidenschaft herstellen: die Craft Beer-Brauer. Die *Brewers Association* (BA) in den USA begibt sich immer wieder daran, den Craft Brewer zu definieren[5], um diesen von den großen Brauereikonzernen abzugrenzen. Demnach soll eine Craft Beer-Brauerei klein sein. Die BA legt die Obergrenze der Jahresproduktion auf sechs Millionen Barrel fest. Eine hohe Zahl, die nur deshalb so hoch ausfällt, weil die *Boston Beer Company*, die größte Craft Brewery mit der Marke *Sam Adams*, sonst aus dem Rahmen fällt. Schon die zweite, die *Sierra Nevada Brewing Company*, liegt nur bei etwas mehr als einer Million Hektoliter. Weiter legt die BA Wert auf die Unabhängigkeit der Brauereien. So dürfen nur 25 Prozent der Brauerei von einem Nicht-Craft Brewer kontrolliert sein. Das letzte Kriterium der BA wird „traditionell" genannt – nach US-amerikanischem Verständnis bedeutet dies, dass keine Zutaten wie Reis oder Mais verwendet werden dürfen. Sie machen das Bier billig und neutral. Das zielt auf die großen Produzenten, die in den USA alle mit Reis oder Mais brauen.

---

[5] http://www.brewersassociation.org/blog/revised-foundational-documents-clarify-craft-brewersmall-brewer-relationship/

Würde diese Definition und insbesondere das Bewertungskriterium der Brauereigröße für den deutschen Markt gelten, wären die meisten Brauereien in Deutschland doch tatsächlich Craft Beer-Brauereien. Nimmt man jedoch die Attribute Vielfalt, Innovation und Enthusiasmus hinzu, ändert sich das Bild. Daher würden wir den Craft-Brauer und seine Brauerei vielmehr so definieren:

Brauer, die vor allem die Liebe zum Bier antreibt. Entscheidend sind dabei weder eine Produktidee noch ein Marketingkonzept, wenngleich beide für die Überlebensfähigkeit eines Unternehmens wichtig sind.

Ziel ist es, handwerklich mit ausschließlich natürlichen Zutaten eine große geschmackliche Biervielfalt zu erzeugen. Das Reinheitsgebot spielt dabei keine entscheidende Rolle.

Der Brauer/Besitzer braut selber oder kann es zumindest nicht lassen, auch wenn er sich um viele andere Dinge im Betrieb kümmern muss.

Der Brauer und alle anderen Mitarbeiter der Brauerei kennen sich untereinander und sind alle gern bereit, sich über das Brauen und ihre Biere befragen zu lassen. Die Produktion ist offen und kann jederzeit besucht werden.

Craft Brewer arbeiten zusammen, teilen ihr Wissen und helfen sich gegenseitig.

Dies mag nach einer Wunschvorstellung klingen, wird aber tatsächlich von der überwältigenden Mehrheit der Craft Beer-Brauer gelebt.

Entwicklung des Craft Beers in den USA

Ein kurzer geschichtlicher Rückblick soll die Bedeutung des Craft Beers in den Vereinigten Staaten verständlich machen.

Das Jahr 1919 war der Beginn eines düsteren Kapitels der US-amerikanischen Biergeschichte: Durch die Prohibition wurde die Verwendung von Nahrungsmitteln zur Erzeugung alkoholischer Getränke verboten. Erst 1933 setzte sich die Erkenntnis durch, dass das landesweite Verbot des Verkaufs, der Herstellung und des Transports von Alkohol kläglich versagt hatte. Deshalb galt nun: „Happy days are here again". Die Jahreszahl, die in Europa und insbesondere in Deutschland ganz anders geartete Assoziationen weckt, ist für US-Bürger deshalb positiv behaftet.

Leider verschwanden in den Jahrzehnten danach die vielen verschiedenen Braustile und -traditionen, die Einwanderer aus aller Welt in ihre neue Heimat mitgebracht hatten, immer mehr. Das helle Lager hatte, verstärkt durch große Marketingkampagnen, auch hier seinen Siegeszug in den Bars und Geschäften angetreten. Bis zum Ende der 1970er Jahre gab es nur noch knapp 50 verschiedene Brauereien in den USA, die ein einheitliches, unaufgeregtes Bier für den Massengeschmack produzierten. Und die Prognosen sahen eine weitere „Verdichtung" des Marktes voraus …

Doch das sollte sich in den nächsten Jahrzehnten ändern. Heimbrauen besitzt eine lange Tradition in den USA, die nicht zuletzt durch die Prohibition gefördert wurde. Weil langweilige, helle Lagerbiere offensichtlich nicht jedem genügten, kam es dazu, dass Präsident Jimmy Carter das Heimbrauen 1978 per Gesetz legalisierte. Dass ein Bruder des Präsidenten Brauer war, sei nur am Rande erwähnt. Ab dann war das häusliche Brauen offiziell in den USA erlaubt. Kurz darauf folgten die ersten Neugründungen von Brauereien.

Abgesehen von Fritz Maytags *Anchor Brewing Company* in San Francisco, wo ein Bierliebhaber eine lokale Brauerei rettete, die bis heute erfolgreich braut, sind nahezu alle Craft-Brewerys in den USA von Heimbrauern gegründet worden.

Der erste dieser Spezies war wohl John McAuliffe mit seiner 1976 gegründeten *New Albion Brewery*. Vier Jahre später startete Ken Grossman mit der *Sierra Nevada Brewing Company*, die aktuell eine der größten Craft-Brewerys der USA ist. Glücklicherweise änderte dies nichts an der Philosophie der Brauerei, mit vollem Enthusiasmus eine große Vielfalt an geschmacklich unterschiedlichen Bieren zu produzieren. In den frühen 1980ern gesellten sich weitere, noch heute erfolgreiche Unternehmen dazu: *Brooklyn Brewery, Widmer, BridgePort, Deschutes, Boulder Brewing, Red Hook, Goose Island* …

1994 gab es 537 Brauereien und nur zwei Jahre später hatte sich die Zahl mit 1.100 Brauereien mehr als verdoppelt. In dieser Zeit wurden auch die beiden erfolgreichen Unternehmen *Stone Brewing* und *Dogfish Head* gegründet.

Vom Ende der 1990er Jahre bis 2004 wurde es ruhiger – im Sinne eines langsameren Wachstums, was nicht etwa Stagnation oder Rückgang bedeutet. Diese nicht immer kontinuierliche, aber stets positive Entwicklung ist bis heute ungebrochen. Der aktuelle, noch nie erlebte Boom der Brauereigründungen ist allerdings besonders bemerkenswert. Die Zahlen zeigen es: 1980 waren es noch 8 neue Brauereien, 1994 die oben erwähnten 537 und 2014 sind es 3.050 Brauereien, mit einer weiterhin steigenden Tendenz. Heute kann jeder US-Amerikaner, der in einem der vielen Ballungsräume lebt, auf einen Brewpub in seiner unmittelbaren Nachbarschaft zugreifen. Übrigens ebenso wie in Franken! Ist das nicht ein Zustand, der auch für den Rest von Deutschland verlockend wäre?

Statistik oder: Wo sind die Superlative?

Statistik ist ja eher eine trockene Angelegenheit, sie ist in unserem Falle aber äußerst hilfreich, um Mythen zu entlarven und richtigzustellen. Ist Deutschland eigentlich immer noch ein Spitzenland in Sachen Bier? Könnte es sein, dass die USA mittlerweile alle Superlative in ihrem Land verzeichnen? Oder auch: Was machen die Chinesen? Sie sind mittlerweile Weltmeister beim Bierausstoß; eine halbe Milliarde Hektoliter Bier wird in China gebraut. Die USA, die jahrzehntelang in dieser Disziplin führend waren, sind mit knapp der Hälfte des chinesischen Volumens pro Jahr auf Platz zwei gerutscht. Doch sie sind in der Zahl der Braustätten mit Abstand führend: Ende 2014 sind dies 3.050, mit einem starken Wachstum im zweistelligen Prozentbereich. Deutschland hat derzeit 1.353 Brauereien mit einem Wachstum im Promillebereich – immerhin! Nun wohnen in den USA 320 Mio. Einwohner, das bedeutet, dass sich fast 105.000 Menschen eine Brauerei teilen müssen. Da haben es die Deutschen besser, hier kommt auf ca. 59.000 Einwohner eine Brauerei und das ist Weltspitze! Oder nicht? Tatsächlich stellen sich die Schweizer hier wesentlich besser auf: Mit 17.700 Eidgenossen pro Brauerei ist dies – fast – das beste Verhältnis weltweit. Nur Liechtenstein verwöhnt seine Bürger mit doppelt so vielen Brauereien pro Nase, knapp 10.000 pro Kopf sind es in dem kleinen Fürstentum. Und noch ein wenig besser geht es den Einwohnern in einigen kleinen karibischen Inselstaaten. Sehr gut versorgt sind übrigens auch Dänemark, Belgien, Neuseeland, Island, Slowenien, die Tschechische Republik, Österreich und Großbritannien, die alle (!) eine größere Brauereidichte als Deutschland besitzen. In Großbritannien sind oder werden sich mit derzeit 1.285 Brauereien[6] zum Jahresende 2014 übrigens die meisten Brauereien in Europa befinden. Dies ist allerdings eine eher vorsichtige Schätzung, da hier nur die Real Ale produzierenden Brauereien gezählt werden. Im letzten Jahr öffneten 170 Braustätten auf der Insel ihre Tore. Die BBPA (British Beer & Pub Association) zählt zum selben Zeitpunkt sogar schon 1.442 Brauereien.

---

6   Vgl. Angaben der CAMRA (Campaign for Real Ale)

Einwohner pro Brauerei			
Land	Einwohner pro Brauerei	Brauereien	Einwohner
Schweiz	17.683	457	8.081.000
Island	32.300	10	323.000
Dänemark	32.526	173	5.627.000
Neuseeland	36.648	122	4.471.000
Belgien	42.688	260	11.099.000
Österreich	44.135	192	8.474.000
Tschechien	44.944	234	10.517.000
Großbritannien	49.883	1285	64.100.000
Slowenien	50.268	41	2.061.000
Norwegen	57.124	89	5.084.000
Deutschland	59.586	1353	80.620.000
Kanada	66.090	532	35.160.000
Australien	68.029	340	23.130.000
Italien	75.069	797	59.830.000
Niederlande	82.759	203	16.800.000
Schweden	88.009	109	9.593.000
USA	102.918	3050	313.900.000
Frankreich	118.169	557	65.820.000
Spanien	229.557	203	46.600.000
China	2.458.333	552	1.357.000.000

(Stand: September 2014)

Gibt es denn überhaupt noch einen Superlativ im Zusammenhang mit dem kulturhistorisch so bedeutenden deutschen Bierland? Ja, und zwar in dieser Disziplin: In Deutschland wird das meiste Bier in Europa gebraut! Und vielleicht finden wir noch Spitzenwerte in den Bundesländern? Im Mutterland des Bieres, Bayern, gibt es immer noch viele Brauereien, 2014 sind es 615. Verteilt auf 12,6 Mio. Bayern sind dies 20.228 Bürger pro Brauerei. Das ist eine geringere Brauereidichte als in der Schweiz – wer hätt's gedacht ... Dabei wirkt sich die große Brauereidichte in Franken positiv auf die Dichte im gesamten Freistaat aus. Der Regierungsbezirk Oberbayern allein bringt es gerade mal auf 41.019 Bayern pro Brauerei. Schauen wir dagegen in den Regierungsbezirk Oberfranken, teilen sich eine Million Menschen ganze 162 Brauereien oder anders gesagt: 6.172 Oberfranken teilen sich eine Brauerei. Da ist die Welt noch in Ordnung. Hier finden wir tatsächlich auch noch einen Weltrekord in der kleinen Gemeinde Aufseß, in der es vier Brauereien für 1.500 Einwohner gibt – das sind 375 pro Brauerei.

Leider geht die Anzahl der Braustätten in Franken, wie in ganz Bayern, immer mehr zurück. Bayern hat in den letzten 20 Jahren fast 20 Prozent seiner Brauereien verloren. Das ist ein trauriger Rekord. Im gesamten Bundesgebiet ist dagegen wieder ein leichtes Wachstum zu verzeichnen – das lässt hoffen!

Wir brauchen, wie überall auf der Welt, viel mehr neue Brauereien. Das Potenzial dafür ist vorhanden. Warum sollte hier nicht die Schweiz das richtige Maß darstellen? Dann hätte Deutschland bei gleicher Dichte 4.400 Brauereien und die USA 17.000! Oder aus einem anderen Blickwinkel betrachtet: So liegt etwa der Marktanteil an individuellen Bieren in Belgien bei 20 Prozent, der höchste Wert weltweit. Diese Größenordnung ist wahrscheinlich auf alle Biernationen übertragbar. Allerdings brauchen wir dafür mehr neue Brauereien. Und die werden, statistisch belegt, in den meisten Fällen von Heimbrauern gegründet. Deshalb beschäftigen sich die folgenden Kapitel mit dem Brauen zu Hause.

Brauereien in Deutschland

Bundesland	Einwohner pro Brauerei	Brauereien	Einwohner
Bayern	20.228	615	12.440.000
Oberfranken	6.586	162	1.067.000
Oberpfalz	14.413	75	1.081.000
Niederbayern	16.789	71	1.192.000
Unterfranken	20.587	63	1.297.000
Schwaben	22.363	80	1.789.000
Mittelfranken	26.045	66	1.719.000
Oberbayern	41.019	108	4.430.000
Baden-Württemberg	53.897	195	10.510.000
Thüringen	57.368	38	2.180.000
Mecklenburg-Vorpommern	64.000	25	1.600.000
Sachsen	73.636	55	4.050.000
Rheinland-Pfalz	76.731	52	3.990.000
Saarland	76.754	13	997.800
Hessen	85.571	70	5.990.000
Brandenburg	98.000	25	2.450.000
Sachsen-Anhalt	108.095	21	2.270.000
Niedersachsen	119.538	65	7.770.000
Schleswig-Holstein	127.273	22	2.800.000
Nordrhein-Westfalen	137.231	130	17.840.000
Berlin	152.174	23	3.500.000
Bremen	274.000	2	548.000
Hamburg	300.000	6	1.800.000

(Stand: September 2014)

Bierstädte der Welt

Stadt	Anzahl Brauereien
Portland OR, USA	55
London, UK	53
San Diego CA, USA	47
Seattle WA, USA	41
Chicago IL, USA	36
Denver CO, USA	36
Berlin, DE	23
Austin TX, USA	20
Boulder CO, USA	20
Bend OR, USA	20
Vancouver BC, CA	18
San Francisco CA, USA	18
Albuquerque NM, USA	16

(Stand: September 2014)

Grundlagen und Zutatenkunde für den Heimbrauer

Selbstgekocht schmeckt immer noch am besten! An dieser Bauernweisheit scheint viel Wahres zu sein, denn weltweit kommen fast alle neuen Craft Brewer aus dem Kreise der ehemaligen Heimbrauer. Wer sich diesem speziellen, aber durchaus sympathischen Kreis anschließen möchte, erfährt in diesem Kapitel, wie ein sinnvoller und simpler Brauprozess mit den richtigen Zutaten und geeigneten Gerätschaften für den Anfang bewerkstelligt werden kann. Bevor zur Tat geschritten wird, soll zum besseren Verständnis aber noch wesentliches Wissen über die Zutaten und ihre Eigenschaften sowie zum Brauprozess selbst vermittelt werden. Denn nur wer weiß, was dahintersteckt, kann auch ein gutes Gelingen erreichen!
Und nur Geduld: Im Rezeptteil finden sich dann genaue Mengenangaben und eine komprimierte, sehr übersichtliche Brauanleitung, damit das höchst individuelle Bier gelingt!

ZUTATEN

1. **Wasser** 2. **Hopfen** 3. **Malz** 4. **Hefe**

Die Zutaten sind hinreichend bekannt (für zerstreute Zeitgenossen: Malz, Hopfen, Hefe und Wasser) und können aus dem Fachhandel bezogen werden. Damit auch die Wirkung der Ingredienzien kein Geheimnis bleibt, folgt eine kurze Charakteristik.

Malz ist nichts anderes als Getreide, das in der Mälzerei zum Keimen gebracht wird. So werden die Enzyme des Korns aktiviert, die den Abbau der Stärke bewirken. Damit dies erst in der Brauerei geschieht, werden die Körner getrocknet – der Fachmann sagt gedarrt – und von Würzelchen und Keim befreit. Das Malz ist fertig! Zum Brauen muss das Malz geschrotet und mit heißem Wasser vermischt werden. Das Schroten erfolgt am besten mit einer einfachen Getreidemühle. Es gibt simple Modelle, die man für einen zweistelligen Betrag neu kaufen kann. Das Malz sollte so grob wie möglich geschrotet werden. Ziel ist es, die Spelzen (Hülle) des Korns nur zu beschädigen, nicht ein möglichst feines Granulat zu erzeugen. Je grober die Körnung, desto leichter fällt später das Läutern, das Lösen von Zucker aus den Getreidespelzen. Diese Zuckerlösung, Bierwürze genannt, wird in einem Kochkessel gesammelt und zusammen mit Hopfen gekocht.

Hopfen macht das Bier bitter, aber auch lecker. Denn je nachdem, wie geschickt man das Gewächs nutzt, kommen neben der Bittere auch eine ganze Menge Aromen ins Spiel. Wie das? Das Kochen des Hopfens bildet die Bitterstoffe, die aus den sogenannten Alphasäuren gebildet werden. Dies nennt sich Isomerisation. Je länger der Hopfen kocht, desto mehr Bitterstoffe entstehen und desto mehr Aromen gehen verloren, die allesamt ätherische Öle sind und fast vollständig verdampfen. Was hier kurz und bündig beschrieben ist, nimmt in der Praxis einen wesentlich größeren Raum ein, da der Brauer zwischen fast 100 verschiedenen Sorten wählen kann, die über den Brauprozess verteilt eine großartige Aromenvielfalt erzeugen können. Seien es die zitronig-fruchtigen Sorten des Yakima Valleys im Nordwesten der USA, die zart-blumigen Varianten aus der Hallertau oder die erdig-grasigen Vertreter aus der britischen Grafschaft Kent.

Ohne **Hefe** geht nichts, denn sie macht aus Bierwürze das Bier, indem sie bei der Gärung den Malzzucker frisst und Alkohol, Kohlendioxyd und jede Menge aromatische Substanzen ausscheidet. Letztere haben einen großen Einfluss auf das fertige Bier und variieren je nach Hefeart erheblich. Selbst eine einzige Hefesorte produziert unterschiedliche Biere, wenn sie andere Bedingungen vorfindet, wie etwa Temperatur oder Inhaltsstoffe der Bierwürze. Als bekanntester Unterschied beim Einsatz der Hefe werden jedem sofort die Begriffe vom „ober- und untergärigen" Bier in den Sinn kommen. Grund für diese Unterteilung sind zwei verschiedene Hefesorten.

* Die **obergärige** Variante der Hefe ist diejenige, die überall in der Natur vorkommt und die für alle möglichen Gärprozesse verantwortlich ist: Zum Brot backen, für Wein und eben zum Bierbrauen. Diese Hefe vergärt bei Temperaturen von 15° bis 25° C und das in der Regel sehr lebhaft, was durch eine heftige Schaumbildung sichtbar wird. Dieses Phänomen, bei dem nach oben schäumt, wird aus eben diesem Grunde auch obergärig genannt.

* **Untergäriges** Bier dagegen ist durch eine Hefe bedingt, die sich bei niedrigeren Temperaturen wohlfühlt und daher viel langsamere und weniger spektakuläre Arbeit verrichtet. Das Ganze spielt sich eher im Verborgenen ab und tendiert zum Grunde des Gärbottichs, untergärig eben. Die untergärige Hefe wurde in Bayern schon sehr früh entdeckt, da es dort durch die kalte Witterung möglich war, die Bierwürze auf 10° C oder weniger zu kühlen. Diese Biere mussten und konnten längere Zeit in den kalten, oft mit Natureis gekühlten Kellern gelagert werden. Das Lagerbier war geboren. Die Hefe zum Bierbrauen existiert als Trocken- und als Flüssighefe. Letztere ist ein isolierter Hefestamm, der lebendig in flüssiger Form und gekühlt geliefert wird. Weltweit gibt es jedoch nur zwei Firmen[7], die diese Hefen liefern. Allerdings gibt es auch getrocknete Brauhefe, die mittlerweile besser als ihr Ruf ist. Sie hat den Vorteil, dass sie leichter verfügbar ist und den Nachteil, dass nicht so viele Hefestämme zur Auswahl stehen wie bei der Flüssighefe.

---

[7] *Wyeast* und *White Labs*, beide mit Sitz in den USA

HINTERGRUNDWISSEN

An dieser Stelle soll ein kurzer wissenschaftlich anmutender Exkurs über die Vorgänge der elementaren Brauschritte aufklären, als da sind: Maischen, Läutern, Kochen und Gären.

Maischen. Hier wird das sogenannte einstufige Infusionsmaischverfahren beschrieben. Klingt kompliziert – ist es aber nicht. Diese den Engländern zu verdankende Methode bedeutet nichts anderes, als dass das Malz mit einer bestimmten Menge genau temperierten Wassers vermischt wird. So wird die

Malzstärke in Zucker umgewandelt. Dabei ist es hilfreich zu wissen, dass es jede Menge Enzyme im Malz gibt, die unterschiedliche Aufgaben wahrnehmen können, von denen aber nur zwei den Malzzucker erzeugen. Die beiden Malz-Enzyme nennt man α- und β-Amylase. α hat bei Temperaturen von 66° bis 72° C ihr Optimum, sorgt für eher große Zuckermoleküle, die die Hefe später nicht so gerne mag. Es entsteht ein süßeres, vollmundigeres Bier. Das Optimum für β liegt hingegen bei 55° bis 66° C. β ist eher für kleine, gut vergärbare Zucker berüchtigt und bewirkt ein trockeneres, schlankeres Bier. Das ist einfach, funktioniert immer und die so gebrauten Biere schmecken lecker.

Es gibt verschiedene mehrstufige Maischverfahren. Hier wird die Maische jeweils bei unterschiedlichen Temperaturen ruhen gelassen. In Industriebrauereien wird übrigens beim Maischen schon darauf geachtet, ob das Bier später mehr Eiweißtrübung hat, sich leichter läutern lässt und vieles mehr. Das wirkt sich nicht immer positiv auf den Geschmack aus. Die Faustformel lautet: Je mehr gemaischt wird, um alle Bestandteile des Malzes zu zertrümmern, desto langweiliger schmeckt das fertige Bier.

Läutern: Bei diesem Prozessschritt werden die wasserlöslichen Malzzucker von den Spelzen getrennt. Dafür gibt es im Läuterbottich eine Drainage, über die die Zuckerlösung, auch Würze genannt, abgelassen wird. Die Drainage verhindert, dass die Spelzen in die Bierwürze gelangen. Die Drainage ist in professionellen Brauereien in der Regel ein Siebboden, der für diese Trennung sorgt.

Kochen: Wenn die Bierwürze gekocht wird, ist das einem alltäglichen Kochvorgang ganz ähnlich, denn diese Phase des Brauens kommt dem Anbraten von Zwiebeln in der Pfanne recht nah. Bei beiden Vorgängen gibt es die sogenannte Maillard-Reaktion am heißen Pfannenboden, die dazu führt, dass in den schmorenden Zwiebeln eine Vielzahl von Reaktionen zwischen Eiweißen, Fetten und Stärken ablaufen, die dann das leckere Anbrataroma ergeben. Für Chemiker: Es handelt sich um eine nichtenzymatische Bräunungsreaktion. Genauso verhält es sich mit dem Aroma des Röstmalzes. Deshalb gilt fürs Bierkochen: Je höher die Temperaturdifferenz an der Wand der Würzepfanne ist, desto intensiver schmeckt's. Genau wie bei den Zwiebeln in der Pfanne: Die Geschmacksintensität nimmt bei größerer Temperaturdifferenz zu. Ein Effekt, der gerade auch beim Heimbrauen auftritt, da hier in der Regel mit einer Herdplatte, einem Tauchsieder oder über offener Flamme gekocht wird. So ergibt sich ein hohes Temperaturgefälle und die Biere, die so gebraut werden, schmecken intensiver. Die meisten modernen Brauereien kochen hingegen schonend mit Dampf, weil dieser Prozess besser zu steuern ist.

Das Kochen der Bierwürze wird auch Hopfenkochen genannt, es dient der Bildung von Bitterstoffen und Aromen. Dabei gilt: Je später die Hopfengabe vor dem Ende der Kochung der Bierwürze erfolgt, desto mehr Aromen bleiben erhalten. Was simpel klingt, ist in der Braupraxis viel spannender und komplexer, denn bereits fünf Minuten frühere oder spätere Hopfengaben wirken sich beträchtlich auf den Charakter des späteren Bieres aus. Am besten ist es, einfach auszuprobieren, was mit der eigenen Anlage und nach den eigenen Bedürfnissen am Ende gut schmeckt! Als Freunde des Hopfens empfehlen wir allerdings, lieber mehr als weniger Hopfen hinein zu geben. Außerdem macht der Hopfen das Bier auf natürlichem Wege haltbar; übrigens ist dies auch der Grund, warum die Biere früher stärker gehopft wurden.

Darüber hinaus erfüllt das lange Kochen, das mindestens eine Stunde dauern sollte, einen weiteren Zweck: Unerwünschte Stoffe wie Dimethylsulfit (DMS) aus der Bierwürze verdampfen. DMS ist eine nach Gemüse schmeckende Substanz, die aus dem Malz stammt. Durch das verdampfende Wasser wird der Zuckeranteil in der Würze höher und das künftige Bier stärker. Der Alkoholgehalt und die Geschmacksdichte hängen also direkt mit der Konzentration des Malzzuckers in der Bierwürze zusammen. Die-

Es gibt Brauer, die die Hopfengaben kontinuierlich über den gesamten Kochvorgang dosieren. Der bekannteste von ihnen ist wohl Sam Calagione von *Dogfish Head Brewing* aus Delaware, USA; hier werden auf diese Weise die 60, 90, 120 Minute IPAs gebraut. Unbedingt probieren!

ser Wert wird in °Plato gemessen. 10 °Plato entsprechen 100 g Zucker pro Liter Würze. Der normale Wasserwert liegt demgegenüber natürlich bei 0, ein deutsches Standardbier hat knapp 12 °Plato. Am einfachsten misst man diese Konzentration – auch Extrakt genannt – mit einem Refraktometer.[8]

Gären: Damit aus der Bierwürze Bier wird, muss sie erst einmal der Hefe zum Fraß vorgeworfen werden; der Fachmann nennt diesen Vorgang Hauptgärung. Hier wird der Zucker, der anfangs durch das Maischen produziert wurde, von der Hefe verarbeitet und in Alkohol und Kohlendioxyd umgewandelt. Dafür wird die Bierwürze auf 20° bis 25° Celsius gekühlt, was für obergärige Hefen eine Wohlfühltemperatur ist (auch Anstelltemperatur genannt). Nach der Kühlung wird die Würze in der Regel belüftet, damit sich Sauerstoff in ihr löst. Dies führt zu einem äroben Stoffwechsel und die zugegebene Hefe vermehrt sich erst einmal ordentlich. Ohne Sauerstoff – auch anärob genannt – macht die Hefe allerdings das, was wir wollen, nämlich Bier! Gibt man genug Hefe beim Anstellen der Würze dazu, braucht man sich um die Würzebelüftung nicht

---

8   Traditionell wird Bierwürze gespindelt, d.h. mit einem Aräometer gemessen. Dieses Verfahren ist aber sehr aufwändig, da die Bierprobe immer abkühlen muss, um die Würzespindel darin schwimmen zu lassen. Beim Refraktometer reicht ein Tropfen, so können mehr Messungen durchgeführt werden. Dies ist zwar nicht ganz so präzise, aber wieso sollte die Konzentration auf ein Zehntelgrad genau bestimmt werden? Schmecken tut das keiner.

so viel Gedanken zu machen. Die Belüftung der Bierwürze, die viele Brauer für überaus wichtig halten, ist also eigentlich überbewertet. Vielmehr ist hier eine größere Hefegabe sinnvoll. Nach der Zugabe der Hefe wird diese spätestens am nächsten Tag mit der Gärung begonnen haben; erkennbar ist dies an einer leichten Schaumbildung auf der Oberfläche. Der Brauer sagt dazu: „Die Hefe ist angekommen."

Nach drei bis vier Tagen ist ein obergäriges Bier mit dieser Gärarbeit – der Hauptgärung – fertig. Danach wird das junge Bier am einfachsten direkt in Flaschen abgefüllt; eine Abfüllung in Fässer zur Lagerung, zum Hopfenstopfen und vieles mehr, empfiehlt sich erst mit ein wenig Brauerfahrung.

Heimbrauen – so geht's!

Bevor die Anleitung zum Brauen des eigenen Biers am heimischen Küchenherd folgt, müssen noch die geeigneten Geräte bereitgelegt werden, deshalb nun zuerst zum **Brau-Equipment**.

Die folgenden Utensilien sind in jedem Haushalt vorhanden, lassen sich unkompliziert erwerben oder sogar selbst zusammenbauen. Eine einfache kleine Hausbrauerei ist tatsächlich in jeder Küche möglich.[9]

- Ein kombinierter Maisch/Läuterbottich. Dies kann auch ein handelsüblicher Campingkühler mit einem Fassungsvermögen von 30 Litern sein. Der Boden dieses isolierten Behälters verfügt über ein Sieb oder eine Drainage.
- Ein großer Kochtopf, ca. 30 Liter
- Ein großer Löffel
- Ein Herd, Hockerkocher oder Tauchsieder
- Thermometer
- Malzmühle
- Waage
- Jod
- Refraktometer (Spindel), (S. 63, oben links)
- Gärbehälter Plastik/Edelstahl
- Eintauchkühler (S. 63, oben rechts)
- Flaschen mit Bügelverschluss

Info

Für Selberbauer: Ein Maisch/Läuterbottich lässt sich aus einem Campingkühler konstruieren, in den als Drainage das Edelstahlgeflecht eines Panzerschlauches verlegt wird (S. 61 rechts oben). Dazu wird mit einem Bolzenschneider oder einer Eisensäge der Edelstahlmantel eines handelsüblichen Panzerschlauchs entfernt. Dessen Enden werden im Inneren des Campingkühlers über ein T-Stück mit einem Hahn, der nach draußen führt, verbunden. (S. 61 rechts Mitte, unten). Der Vorteil eines solchen Maisch/Läuterbottichs ist, dass er isoliert ist und die Temperatur sich über den Maischprozess kaum verändert.

---

9   Wer selbst brauen möchte, findet hier geeignetes Equipment: http://www.candirect.de; /http://www.hobbybrauerversand.de/

Wenn alles bereit steht, kann's losgehen! Welche Zutat in welcher Quantität genommen wird, hängt vom Rezept ab – Vorschläge mit genauen Mengenangaben lassen sich im anschließenden Rezeptkapitel finden.

1 **Zuerst wird gemaischt**: Heißes Wasser und Malz werden im Maisch/Läuterbottich so gemischt, dass sich eine Einmaischtemperatur von 66° bis 72°C ergibt, die goldene Mitte von 68°C wäre für den Anfang am besten. Da fühlen sich unsere beiden Malzenzyme α und β wohl und produzieren ein schönes Zuckergemisch. Die Temperatur der Maische wird durch das Verhältnis von Malz und heißem Wasser eingestellt. Bei einem Verhältnis Malz zu Wasser 1 : 2 muss die Wassertemperatur 76°C betragen. Werden Wasser und Malz gemischt, kühlt sich die Temperatur der Mischung ab (unten links, Mitte).

2 Ist die Temperatur zu hoch oder zu niedrig, muss entsprechend kochendes oder kaltes Wasser nachgegossen werden, um die gewünschten 68°C zu erreichen.

Info

Dieses angelsächsische Prinzip des Einmaischens wenden übrigens auch sehr viele Craft Brewer an. Der Vorteil ist, dass man sich das Aufheizen der Maische spart, da die Temperatur im isolierten Bottich über eine Stunde Maischarbeit recht stabil bleibt, auch wenn von Zeit zu Zeit ein wenig umgerührt werden muss.

3 Nach etwa einer Stunde sollte die gesamte Stärke des Malzes in Zucker umgewandelt sein. Dies muss mit Hilfe der guten alten **Jodprobe** überprüft werden, denn Stärke im Bier ist nicht so gut. Wir erinnern uns an den Chemieunterricht: Eine kleine Menge der Maische wird mit einem Tropfen Jod vermischt – verfärbt sich das Jod nicht, ist alles okay; wird es dunkelblau, müssen wir die Maische noch ein wenig stehen lassen, bis alles verzuckert ist (S. 63, unten rechts).

4 Wenn alles verzuckert ist, muss das Ganze noch einmal **kräftig umgerührt** werden, danach sollen sich die **Spelzen unten absetzen**. Der Brauer nennt das Läuterruhe. Die sich absetzenden Spelzen dienen später als Filter (auch Treber genannt), um eine möglichst klare Bierwürze zu erzeugen und damit kommen wir zum nächsten Schritt.

5 **Jetzt wird geläutert!** Dabei sollte sich der Maischbottich idealerweise oberhalb des Kochkessels befinden. Jetzt wird der Hahn des Maischbottichs vorsichtig geöffnet und die Würze läuft in den Kochkessel. Dieser Vorgang sollte nicht zu schnell erfolgen, damit sich der Treber nicht verdichtet und die Würze nicht mehr abfließen kann. Die ersten Liter sind trüb und sollten deshalb oben in den Läuterbottich zurückgeschüttet werden, bis eine klarere Flüssigkeit abläuft. Das nennt sich Trübwürzpumpen und geht auch wunderbar ohne Pumpe! Das Läutern sollte mindestens eine Stunde dauern (S. 65, links).

6 Der Maischbottich wird sich nun leeren. Es sollte **heißes Wasser nachgegossen** werden, bevor die Spelzen nicht mehr mit Flüssigkeit bedeckt sind. Die Temperatur des Wassers sollte nicht über 78°C betragen, da bei höheren Temperaturen bittere Tannine aus den Spelzen gelöst werden können. Der Brauer hat ein hübsches Wort für diesen Vorgang gefunden: **„Anschwänzen"**.

7 Währenddessen sammelt sich im Kochkessel (den der Brauer übrigens Würzepfanne nennt) immer mehr **Würze**, die wir noch kochen und hopfen müssen. Der Kessel kann während des Läuterns schon angeheizt werden, nur kochen sollte die Würze noch nicht.

8 Gleichzeitig kann die **erste Hopfengabe** erfolgen, die sogenannte Vorderwürzehopfung. Sie bringt mehr Hopfengeschmack ins Bier, als eine erste Gabe beim Anfang der Kochung.

9 Wenn genug Würze in den Kochkessel gelaufen ist, kann das Läutern beendet werden. Genug bedeutet, dass die gewünschte Menge und **Stärke des Bieres** erreicht sind. Letztere muss noch mit dem Refraktometer gemessen werden. Die Stärke ergibt sich aus dem jeweiligen Rezept (einige Beispiele finden sich im folgenden Kapitel) und wird in °Plato gemessen. Ein wenig Würze auf das Messgerät tropfen und den Wert ablesen.

10 Die Bierwürze sollte mindestens **eine Stunde lang blubbernd kochen**, um alles DMS zu verdampfen (wichtig, s.o. – es soll doch nicht nach Gemüse schmecken!) (oben Mitte).

11 Jetzt muss der Heißtrub abgeschieden werden. Dies sind die Eiweiße und Hopfenbestandteile, die beim Kochen entstehen und sich nach kurzer Zeit unten im Kochtopf absetzen. Diese konzentriert man geschickterweise zu einem Kegel in der Mitte des Kessels, indem man nach dem Kochen die Würze mit einem Löffel in Rotation versetzt. Dies wird im Fachjargon **Whirlpool** genannt. Die Würze kann dann über den Hahn an der Seite weitgehend ohne den Heißtrub abgezogen werden (S. 65 oben, rechts).

12 Danach muss die Bierwürze möglichst schnell **auf 20° bis 25° Celsius abgekühlt** werden, damit unsere späten Hopfengaben nicht zu bitter werden und ihr Aroma verlieren. Diese Anstelltemperatur bereitet die Würze für die Gärung vor. Gekühlt wird mit dem Eintauchkühler. Es geht auch im Wasserbad, allerdings ist dies bei 20 Liter Würze schon schwieriger (unten links).

13 Die abgekühlte Bierwürze wird dann in den Gärbehälter gefüllt. Dabei sollte man die Würze belüften, was durch möglichst intensiven Kontakt mit der Luft erfolgt Nach der Zugabe der Hefe beginnt spätestens am nächsten Tag die Gärung (s.o., eine leichte Schaumbildung auf der Oberfläche). Der Heimbrauer kann sich, sein Werk bewundernd, drei bis vier Tage zurücklehnen und warten, bis die **Hauptgärung** vorüber ist (unten rechts).

14 Nach der Hauptgärung wird das junge Bier einfacherweise direkt in Flaschen **abgefüllt**. Die Flaschen müssen 100% sauber sein! Am einfachsten werden die leeren Flaschen dazu im Backofen bei 120°C eine halbe Stunde lang erhitzt; danach lässt man sie abkühlen. Eine Abfüllung in Fässer zur Lagerung, zum Hopfenstopfen und vieles mehr empfiehlt sich, wenn man ein wenig mit den Flaschen geübt hat. Das junge Bier wird ohne Kohlensäure abgefüllt, es wird allerdings noch ein wenig Traubenzucker hinzugegeben, um eine Flaschengärung zu initiieren. Das ist notwendig, um entsprechende Kohlensäure im fertigen Bier zu generieren. Für eine schöne Rezenz (das ist das Kribbeln der Kohlendioxydbläschen im Mund) benötigt man 5 g Glukose pro Liter Bier. Das Bier wird mit einem Schlauch, der bis auf den Flaschenboden reicht, aus dem Gärbehälter herauslaufen gelassen.

15 Die Flaschen werden verschlossen und zwei Wochen bei Zimmertemperatur gelagert. Für den Anfang sind Bügelverschlussflaschen empfehlenswert, da nicht jeder einen Kronkorkenverschließer im Haus besitzt. Bitte nicht zu kalt lagern, sonst dauert die Flaschengärung zu lange.
Erst danach kalt stellen und genießen!

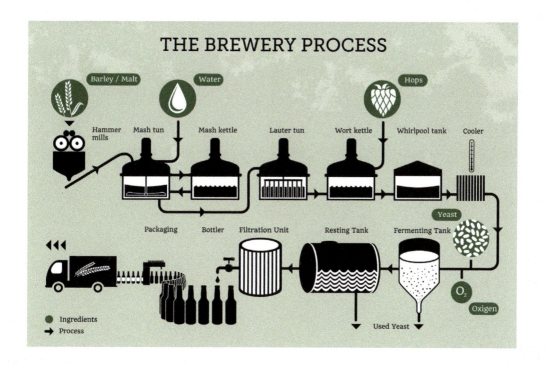

4 Leckere Rezepte

Endlich kommen nun einige Rezepte für klassische Biersorten, die unter Beachtung der zuvor beschriebenen Braumethode nachgebraut werden können. Alle sind nach dem oben erwähnten einfachen Maischverfahren herzustellen.

Der Fokus der Rezepturen liegt, ebenso wie in der Beschreibung des Heimbrauens, auf einer möglichst einfachen Vorgehensweise. Jeder Anfänger sollte in der Lage sein, diese Biere zu brauen.

Das hier beschriebene einfache Verfahren, bei dem die Lagerung des Bieres bis zur Reife in Flaschen erfolgt, lässt die Herstellung mancher Bierstile nicht zu. Insbesondere solche, die noch eine besondere Behandlung während der Lagerung erfahren, wie etwa die Reifung im Holzfass oder mit Holzchips und solche, die mit Hopfen gestopft werden. Das Hopfenstopfen ist eine Zugabe von Hopfen im Lagertank. Hier werden die wunderbaren Aromen direkt im Bier gelöst. Das ist vor allem bei einem IPA unabdingbar. Dieser Bierstil ist daher eher für Fortgeschrittene zu empfehlen, da hier zusätzlich noch ein Fass oder Keg erforderlich ist. In der Flasche funktioniert das leider nicht. Da dieser Bierstil aber von so großer Bedeutung ist, wollen wir auch hier ein Rezept zeigen.

Vorab noch einige grundsätzliche Aspekte:

Die **Mengenangaben** des Hopfens beziehen sich auf Pellets. Werden die hübschen Hopfendolden gewählt, muss eine zehn Prozent höhere Menge hineingegeben werden. Und generell beziehen sich alle Mengenangaben auf eine Biermenge von 20 Litern vor der Hauptgärung. Da jedoch jeder Produktionsschritt mit etwa zehn Prozent Verlusten einhergeht, werden am Ende (leider) nicht ganz 20 Liter fertiges Bier bereitstehen.
Die **Dauer des Maischens** liegt normalerweise bei einer Stunde. Ist der Jodtest nach dieser Zeit noch blau, muss die Maische einfach noch weiter arbeiten, bis dieser Test neutral ist. Die Verzuckerung der Malzstärke wird umso länger dauern, je kälter die Maischtemperatur ist und umgekehrt.
Die **Zeiten** bei den Hopfengaben beziehen sich auf **die Gabe vor Ende der Kochung, z. B.: 10 Min v. KE. = 10 Minuten vor Kochende!** Achtung: Die Zeit läuft hier ab der ersten Hopfengabe. Die Vorderwürzehopfung zählt hier nicht mit.
Die Kürzel vor der entsprechenden **Hefesorte** bedeuten im Einzelnen: WLP: *White Labs*, DS: *Danstar* und WY: *Wyeast*. Die Anwendung der jeweiligen Hefe dieser drei Hersteller ist unterschiedlich, deshalb sollten die Angaben zur Verwendung der Hefen auf der Verpackung unbedingt beachtet werden.

Heimbrauen übersichtlich

1 Einmaischen
2 Temperatur einstellen
3 Jodprobe (Verzuckerung prüfen)
4 Kräftig umrühren, dann Läuterruhe
5 Läuterbeginn
6 Anschwänzen
7 Würze sammeln
8 Vorderwürzehopfung
9 Kochbeginn und Stammwürze messen
10 Mindestens eine Stunde lang kochen
11 Heißtrub abscheiden
12 Würze abkühlen
13 Hefegabe und Hauptgärung
14 Abfüllung
15 Flaschengärung

5,0 Vol.% Alkohol   12° Plato

Alt wird wie Kölsch gebraut (oha!), nur mit mehr Hopfen und gerösteten Malzen. Das ergibt den typisch trockenen Charakter mit einer angemessenen Bittere und komplexen Malzaromen.

Zutaten:			
	Malz:	Münchener Malz hell	4,00 kg
		Münchner Malz dunkel	1,00 kg
	Hopfen:	Perle	40 g
		Spalter	60 g
	Hefe:	DS Nottingham, WLP003, WY1007	
	Zucker:	Glukose	100 g
Zubereitung:			
Schritt 1 bis 4	Maischen:	Wasser mit 74°C	12 l
		Maisch-Temperatur 65°C	
Schritt 5 bis 9	Läutern:	Anschwänzen mit 78°C	15 l
Schritt 10 bis 11	Kochen der Würze		
	Hopfengabe:		
Schritt 8	Vorderwürze	Perle	40 g
Schritt 10	Bei Kochende	Spalter	60 g
Schritt 12	Kühlung der Würze		
Schritt 13	Gärung:	Anstelltemperatur	18°C
Schritt 14 bis 15	Flaschen-gärung:	Glukose pro Liter Bier	5 g

3,8 Vol.% Alkohol   **10° Plato**

Das Pale Ale wurde im England des späten 18. Jahrhunderts erfunden. Es entwickelte sich im Laufe der Jahrzehnte zum heutigen Bitter, also *dem* Bierstil, der mit den Handpumpen in englischen Pubs gezapft wird. Diese sehr leichten Biere zeichnen sich vor allem durch ein komplexes Hopfenprofil aus.

Zutaten:			
	Malz:	Pale Ale Malz	3,00 kg
		Münchner Malz hell	0,50 kg
	Hopfen:	East Kent Goldings	40 g
		Fuggles	60 g
	Hefe:	DS Nottingham, WLP005, WY1318	
	Zucker:	Glukose	80 g
Zubereitung:			
Schritt 1 bis 4	Maischen:	Wasser mit 76°C	10 l
		Maisch-Temperatur 68°C	
Schritt 5 bis 9	Läutern:	Anschwänzen mit 78°C	13 l
Schritt 10 bis 11	Kochen der Würze		
	Hopfengabe:		
Schritt 8	Vorderwürze	Fuggles	20 g
Schritt 10	15 Min v. KE.	Fuggles	20 g
Schritt 10	Bei Kochende	Fuggles	20 g
Schritt 10	Bei Kochende	East Kent Goldings	40 g
Schritt 12	Kühlung der Würze		
Schritt 13	Gärung:	Anstelltemperatur	20°C
Schritt 14 bis 15	Flaschengärung:	Glukose pro Liter Bier	4 g

Golden Ale

5,0 Vol.% Alkohol   **12° Plato**

Das Golden Ale ist dem Kölsch recht ähnlich, es unterscheidet sich jedoch vor allem durch den Einsatz von amerikanischen Hopfensorten.

Zutaten:			
	Malz:	Pilsner Malz	4,50 kg
		Münchner Malz hell	0,50 kg
	Hopfen:	Northern Brewer	20 g
		Cascade	60 g
	Hefe:	DS BRY97, WLP001, WY1056	
	Zucker:	Glukose	100 g
Zubereitung:			
Schritt 1 bis 4	Maischen:	Wasser mit 76°C	12 l
		Maisch-Temperatur 68°C	
Schritt 5 bis 9	Läutern:	Anschwänzen mit 78°C	15 l
Schritt 10 bis 11	Kochen der Würze		
	Hopfengabe:		
Schritt 8	Vorderwürze	Northern Brewer	20 g
Schritt 10	Bei Kochende	Cascade	60 g
Schritt 12	Kühlung der Würze		
Schritt 13	Gärung:	Anstelltemperatur	20°C
Schritt 14 bis 15	Flaschengärung:	Glukose pro Liter Bier	5 g

Gose

4,5 Vol.% Alkohol   **11° Plato**

Eine echte Gose wird mit Milchsäurebakterien oder Brettanomyces gebraut. Wir wählen hier die einfache Variante, die mit fertiger Milchsäure gesäuert wird. Dieses Bier schult den Geschmack für saure Bierstile, ist übrigens auch ein klassisches „Einsteigerbier" für Weintrinker.

Zutaten:

	Malz:	Pilsner Malz	2,50 kg
		Weizen Malz	2,00 kg
	Hopfen:	Spalter	30 g
	Hefe:	DS Nottingham, WLP003, WY1007	
	Zucker:	Glukose	100 g
	Gewürze:	Koriander	15 g
	Weitere:	Milchsäure 80%	30 ml
		Kochsalz	7 g

Zubereitung:

Schritt 1 bis 4	Maischen:	Wasser mit 73°C	1 l l
		Maisch-Temperatur 65°C	
Schritt 5 bis 9	Läutern:	Anschwänzen mit 78°C	14 l
Schritt 10 bis 11	Kochen der Würze		
	Hopfengabe:		
Schritt 8	Vorderwürze	Spalter	30 g
	Gewürze:		
Schritt 10	Bei Kochende	Koriander	15 g
	Weitere:		
Schritt 10	10 Min v. KE.	Kochsalz	7 g
Schritt 10	10 Min v. KE.	Milchsäure 80%	30 ml
Schritt 12	Kühlung der Würze		
Schritt 13	Gärung:	Anstelltemperatur	18°C
Schritt 14 bis 15	Flaschengärung:	Glukose pro Liter Bier	5 g

Imperial Stout

9,0 Vol.% Alkohol   **22° Plato**

Imperial Stout wurde im 18. Jahrhundert von England nach Russland exportiert. Um es haltbar zu machen, wurde es sehr stark eingebraut. Der Vollrohrzucker hebt nicht nur die Stammwürze an. Die in ihm enthaltene Melasse bringt zusätzlich Aroma in das Stout. Imperial Stouts sind Jahrgangsbiere; wenn sie sorgfältig gebraut sind, können sie jahrelang im Keller lagern und schmecken auch nach langer Zeit noch vortrefflich.

Zutaten:			
	Malz:	Pilsner Malz	4,00 kg
		Münchner Malz dunkel	2,00 kg
		Karamell Malz dunkel	1,00 kg
		geröstete Gerste	1,00 kg
	Hopfen:	Northern Brewer	50 g
	Hefe:	DS Nottingham, WLP007 WY1318	
	Zucker:	Vollrohrzucker	500 g
Zubereitung:			
Schritt 1 bis 4	Maischen:	Wasser mit 76°C	17 l
		Maisch-Temperatur 68°C	
Schritt 5 bis 9	Läutern:	Anschwänzen mit 78°C	13 l
Schritt 10 bis 11	Kochen der Würze		
	Hopfengabe:		
Schritt 8	Vorderwürze	Northern Brewer	50 g
Schritt 12	Kühlung der Würze		
Schritt 13	Gärung:	Anstelltemperatur	20°C
Schritt 14 bis 15	Flaschengärung:	Glukose pro Liter Bier	5 g

5,0 Vol.% Alkohol **12° Plato**

Ein Kölsch ist recht einfach zu brauen, wie wir hier sehen. Durch eine niedrigere Maischtemperatur wird sich die Dauer auf 90 Minuten verlängern. Der gewünschte hopfenbetonte Charakter stellt sich durch die späte Gabe des Spalter-Hopfens ein.

Zutaten:			
	Malz:	Pilsner Malz	4,50 kg
		Weizen Malz hell	0,50 kg
	Hopfen:	Perle	20 g
		Spalter	60 g
	Hefe:	DS Nottingham, WLP003, WY1007	
	Zucker:	Glukose	100 g
Zubereitung:			
Schritt 1 bis 4	Maischen:	Wasser mit 74°C	12 l
		Maisch-Temperatur 65°C	
Schritt 5 bis 9	Läutern:	Anschwänzen mit 78°C	15 l
Schritt 10 bis 11	Kochen der Würze		
	Hopfengabe:		
Schritt 8	Vorderwürze	Perle	20 g
Schritt 10	Bei Kochende	Spalter	60 g
Schritt 12	Kühlung der Würze		
Schritt 13	Gärung:	Anstelltemperatur	18°C
Schritt 14 bis 15	Flaschengärung:	Glukose pro Liter Bier	5 g

6,0 Vol.% Alkohol   **15° Plato**

Entstanden im 18. Jahrhundert in England, war es das Bier der Arbeiter. Der Name stammt von den Hafenarbeitern, die „Porter" genannt wurden. Es ist ein schwarzes Bier, mit ausgeprägten Malz- und Röstaromen. Der Hopfen dient hier in erster Linie zum Bittern und weniger dem Aroma. Die untergärigen Schwarzbiere sind Erben des Porters.

Zutaten:			
	Malz:	Pilsner Malz	3,50 kg
		Münchner Malz dunkel	1,00 kg
		Karamell Malz dunkel	1,00 kg
		geröstete Gerste	0,70 kg
	Hopfen:	Northern Brewer	40 g
	Hefe:	DS Nottingham, WLP007 WY1318	
Zubereitung:			
Schritt 1 bis 4	Maischen:	Wasser mit 76°C	15 l
		Maisch-Temperatur 68°C	
Schritt 5 bis 9	Läutern:	Anschwänzen mit 78°C	15 l
Schritt 10 bis 11	Kochen der Würze		
	Hopfengabe:		
Schritt 8	Vorderwürze	Northern Brewer	40 g
Schritt 12	Kühlung der Würze		
Schritt 13	Gärung:	Anstelltemperatur	20°C
Schritt 14 bis 15	Flaschengärung:	Glukose pro Liter Bier	5 g

6,8 Vol.% Alkohol **16° Plato**

Das Bier, das seinen Ursprung im ländlichen Belgien hat, fällt durch seine fruchtigen Noten auf. Diese entstehen durch die hier verwendete Hefesorte. Die Gabe von Zucker gibt dem Bier die gewünschte Trockenheit.

Zutaten:			
	Malz:	Pilsner Malz	3,00 kg
		Weizen Malz	1,00 kg
		Münchner Malz	1,00 kg
	Hopfen:	Northern Brewer	30 g
		East Kent Goldings	60 g
	Hefe:	DS Belle Saison, WLP565, WY3711	
	Zucker:	Glukose	100 g
		Kristallzucker	200 g
Zubereitung:			
Schritt 1 bis 4	Maischen:	Wasser mit 75°C	12 l
		Maisch-Temperatur 65°C	
Schritt 5 bis 9	Läutern:	Anschwänzen mit 78°C	15 l
Schritt 10 bis 11	Kochen der Würze		
	Hopfengabe:		
Schritt 8	Vorderwürze	Northern Brewer	30 g
Schritt 10	Bei Kochende	East Kent Goldings	60 g
	Weitere:		
Schritt 10	10 Min v. KE.	Kristallzucker	200 g
Schritt 12	Kühlung der Würze		
Schritt 13	Gärung:	Anstelltemperatur	22°C
Schritt 14 bis 15	Flaschengärung:	Glukose pro Liter Bier	5 g

Wit Bier

5,0 Vol.% Alkohol   **12° Plato**

Das belgische Wit unterscheidet sich durch die Zugabe von unvermälztem Weizen anstatt Weizenmalz. Weiterhin sind Koriander und Orangenschalen unverzichtbarer Bestandteil dieses Bieres. Ein Wit ist ein leichtes Bier mit einer schönen Fruchtigkeit.

Zutaten:			
	Malz:	Pilsner Malz	3,00 kg
	Hopfen:	Perle	20 g
	Hefe:	DS Nottingham, WLP400, WY3944	
	Gewürze:	Koriander	15 g
		Orangenschalen getrocknet bitter	15 g
	Weitere:	Weizenflocken	2,00 kg
Zubereitung:			
Schritt 1 bis 4	Maischen:	Wasser mit 76°C	12 l
		Maisch-Temperatur 68°C	
		Weizenflocken mit einmaischen	
Schritt 5 bis 9	Läutern:	Anschwänzen mit 78°C	15 l
Schritt 9 bis 10	Kochen		
	Hopfengabe:		
Schritt 8	Vorderwürze	Perle	20 g
	Weitere:		
Schritt 10	Bei Kochende	Koriander	15 g
Schritt 10	Bei Kochende	Orangenschalen getrocknet bitter	15 g
Schritt 12	Kühlung der Würze		
Schritt 13	Gärung:	Anstelltemperatur	20°C
Schritt 14 bis 15	Flaschengärung:	Glukose pro Liter Bier	5 g

American Pale Ale

5,0 Vol.% Alkohol   **12° Plato**

Das American Pale Ale ist der kleine Bruder des IPAs, es ist leichter und nicht so extrem gehopft, deshalb auch nicht zwingend mit Hopfen gestopft. Die späte Hopfengabe ergibt ein fruchtiges, leicht trinkbares Bier.

Zutaten:			
	Malz:	Pale Ale Malz	4,00 kg
		Münchner Malz hell	0,50 kg
		Karamellmalz hell	0,50 kg
	Hopfen:	Columbus	50 g
		Cascade	80 g
	Hefe:	DS BRY-97, WLP001, WY1056	
	Zucker:	Glukose	100 g
Zubereitung:			
Schritt 1 bis 4	Maischen:	Wasser mit 76°C	12 l
		Maisch-Temperatur 68°C	
Schritt 5 bis 9	Läutern:	Anschwänzen mit 78°C	15 l
Schritt 10 bis 11	Kochen der Würze		
	Hopfengabe:		
Schritt 8	Vorderwürze	Columbus	20 g
Schritt 10	10 Min v. KE.	Columbus	10 g
Schritt 10	10 Min v. KE.	Cascade	20 g
Schritt 10	5 Min v. KE.	Columbus	10 g
Schritt 10	5 Min v. KE.	Cascade	20 g
Schritt 10	Bei Kochende	Columbus	10 g
Schritt 10	Bei Kochende	Cascade	40 g
Schritt 12	Kühlung der Würze		
Schritt 13	Gärung:	Anstelltemperatur	20°C
Schritt 14 bis 15	Flaschengärung:	Glukose pro Liter Bier	5 g

6,5 Vol.% Alkohol   **16° Plato**

Ein India Pale Ale muss mit Hopfen gestopft werden. Da das nur im Tank oder Fass möglich ist, kann es nicht direkt nach der Hauptgärung in Flaschen gefüllt werden. Dieser höhere Arbeitsaufwand in Verbindung mit den großen Hopfenmengen wird durch ein komplexes Bier belohnt.

Zutaten:			
	Malz:	Pale Ale Malz	5,00 kg
		Münchner Malz hell	1,00 kg
		Karamellmalz hell	0,50 kg
	Hopfen:	Simcoe	80 g
		Amarillo	80 g
		Cascade	80 g
		Columbus	80 g
	Hefe:	DS BRY-97, WLP001, WY1056	
	Zucker:	Glukose	100 g
Zubereitung:			
Schritt 1 bis 4	Maischen:	Wasser mit 76°C	15 l
		Maisch-Temperatur 68°C	
Schritt 5 bis 9	Läutern:	Anschwänzen mit 78°C	15 l
Schritt 10 bis 11	Kochen der Würze		
	Hopfengabe:		
Schritt 8	Vorderwürze	Columbus	20 g
Schritt 10	10 Min v. KE.	Simcoe	10 g
Schritt 10	10 Min v. KE.	Amarillo	10 g

Schritt 10	5 Min v. KE.	Simcoe	10 g
Schritt 10	5 Min v. KE.	Amarillo	10 g
Schritt 10	5 Min v. KE.	Cascade	20 g
Schritt 10	Bei Kochende	Simcoe	20 g
Schritt 10	Bei Kochende	Columbus	20 g
Schritt 10	Bei Kochende	Amarillo	20 g
Schritt 10	Bei Kochende	Cascade	20 g
Schritt 12	Kühlung der Würze		
Schritt 13	Gärung:	Anstelltemperatur	20°C
Fassreifung und Schlauchen in ein Keg/Fass			12°C
Hopfenstopfen mit		Simcoe	40 g
		Columbus	40 g
		Amarillo	40 g
		Cascade	40 g
Schritt 14 bis 15	Flaschengärung:	Glukose pro Liter Bier	5 g

5 Die amerikanische Craft Beer-Szene

Aufgrund der Dynamik der Craft Brewing-Szene können nur einige wenige der vielen tollen Brauer und ihre originellen, schönen oder typischen Brauereien vorgestellt werden. Daher sind hier solche aufgeführt, die die Bierwelt nachhaltig verändert haben, über ein sympathisches Konzept verfügen oder ein gutes Beispiel für ein unkompliziertes Startup bieten.

City Star Brewing

Berthoud, ein verschlafenes Nest im Norden von Colorado östlich der Rocky Mountains – dort, wo die Bergwelt schon in die Great Plains übergeht. In dieser gerade mal 5.300 Einwohner zählenden Gemeinde soll es einen coolen Brewpub geben? Aber ja, denn wenngleich der Pub stark an einen Saloon erinnert, bietet sich hier eine Welt der Biervielfalt. In dem großzügigen Raum des City Star Brewing Pubs befindet sich eine Bar, an deren Rückwand – wie in den USA üblich – etliche, in diesem Falle zehn, Zapfhähne (engl. *taps*) befestigt sind. Die amerikanischen Craft Brewer gestalten ihre Tasting Rooms oft so, dass die Wand eines Kühlraums direkt an die Bar grenzt.

Dann werden die Taps einfach durch die Wand gebohrt und fertig ist die Zapfanlage. Auch hier gilt die Devise: Die Brauerei ist für jeden zu besichtigen, der danach fragt. Der neugierige Besucher geht in den Nachbarraum, in dem die gesamte Anlage angeordnet ist. Dort steht das Sudhaus in der Mitte, die Tanks sind rundherum an der Wand verteilt. Das Sudwerk besteht aus drei Gefäßen, einfache 3,5 Barrel (450 Liter) große Edelstahlbehälter, die wie Kochtöpfe auf einem Herd aus großen Gasbrennern stehen. Darüber ist eine riesige Abzugshaube angebracht, wie sie auch in Großküchen zu finden ist. Abgase und Kochschwaden werden so einfach nach draußen geblasen. Das ist einfach und funktioniert, und vor allem ist es selbstgemacht. John & Whitney Way sind die Gründer der Brauerei und schenkten am Eröffnungstag rund 1.000 Gläser aus. Inzwischen sind sie in 60 Kneipen in Nord Colorado vertreten. Viele passionierte Biertrinker – von denen es viele in Colorado gibt – kommen mittlerweile nach Berthoud zu *City Star*, um die Brauerei zu besuchen. Dann können sie das einhundert Jahre alte und von dem Ehepaar selbst renovierte Gebäude besichtigen, das früher den öffentlichen Stall der Gemeinde mit dem Namen *City Star Barn* beherbergte. Auch die Biernamen knüpfen an die Vergangenheit an, denn sie sind der Ära des Wilden Westens entliehen: *Dead or Alive Double IPA*, *Widow Maker Imperial Stout*, *Revolver IPA* oder *Cowboy's Golden Ale*. Die Ways haben mit ihrem *Mule Kick*, einem American Strong Ale, und dem *Bandit Brown*, einem English Style Brown Ale, schon Preise beim *Great American Beer Festival* eingeheimst, für das Brown Ale sogar eine Goldmedaille! Also auf in die amerikanische Provinz!

Funkwerks

Diese Brauerei auszuwählen, ist uns leichtgefallen. Alles hier ist hell, freundlich und bunt und die Brauer Brad Lincoln und Gordon Schuck sind ausgesprochen freundlich. Die *Funkwerks*-Biere werden nach belgischem Vorbild gebraut, eine Tatsache, die allerdings in Fort Collins, Colorado, nichts Besonderes ist. Der Ort ist auch Heimat der *New Belgium Brewing Company*, deren Name Programm ist. Doch *Funkwerks* als Startup zeigt, wie sich zwei identische Grundkonzepte völlig anders entwickeln können. Das ist auch der Grund für den Namen *Funkwerks*. „Funky beers" werden in den USA die Biere genannt, in denen außer der gewöhnlichen Hefe noch andere Organismen wie Milchsäurebakterien und Brettanomyces (siehe Heimbrau-Kapitel) ihre Arbeit tun. Genau das ist die Besonderheit von *Funkwerks*: Die sauren belgischen Bierstile leben hier auf und weiter. Bemerkenswert ist, dass diese Art zu brauen in den USA keine Tradition hat und dennoch oder gerade deshalb in den letzten Jahren voll im Trend liegt. Eine Folge ist, dass fast wöchentlich irgendwo im großen Land eine Brauerei aufmacht, die sich hierauf spezialisiert. Sie werden Farmhouse Breweries genannt, den bäuerlichen belgischen Brauereien nachempfunden. Diese sind indessen heutzutage fast alle verschwunden, obwohl sie so wichtige Bierstile wie das Saison hervorgebracht haben. Genau um das Saison und dessen zahlreiche Derivate dreht sich alles bei *Funkwerks*. Mittlerweile sind Brad und Gordon in der zweiten Phase des Brauereiaufbaus angekommen und arbeiten mit einem properen, dampfbeheizten Sudwerk von Premier Stainless Systems. Ein System, wie man es in den Staaten in vielen Brauereien findet, eben jenen, die bereits größer geworden sind und sich von ihrem ersten, meist selbst gebauten Sudhaus verabschiedet haben. Im Tasting Room werden die Kreationen der Brauerei über 12 Zapfhähne an Bierdurstige verteilt. Der Laden ist voll. Es gibt *Saison*, das Belgian Tripel *Deceit* und *Tropic King*, ein Imperial Saison mit wunderbaren Fruchtnoten, aber ohne Früchte und alles mit Hopfen und Hefe geschaffen.

Hair of the Dog Brewing Co

Die *Hair of the Dog Brewing Co* wurde 1993 von Alan Sprints in Portland, Oregon, gegründet. Sein Ziel war es, den Biertrinkern ungewöhnliche und vor allem stark eingebraute Biere zu präsentieren. Die Wurzeln seiner Bierpassion liegen in der *Oregon Brew Crew*, der ältesten Heimbrauervereinigung in den USA. Als Präsident der Vereinigung lernte er viele Profis aus der Brauszene in Portland kennen und beschloss, seine Leidenschaft zum Beruf zu machen. Alan bevorzugt eine schlichte Namensgebung seiner Biere; so ist jedes lediglich mit einem kurzen Vornamen benannt, der immer mit dem Produkt selbst zusammenhängt. So steht der Name *Adam* für ein Adambier. Dieses Bier ist übrigens ein historischer Bierstil aus Deutschland, der früher in Dortmund gebraut und zuletzt in den 1970er Jahren bei der Brauerei Thier gesichtet wurde. Dann das *Fred*, ein Bier zu Ehren von Fred Eckhardt: Bierautor und -historiker, zudem ein Freund von Alan. *Hair of the Dog* ist eine kleine Brauerei, in der schon seit ihrer Gründung das gleiche schlichte Equipment genutzt wird: Ein knapp 500 Liter großer Kochkessel aus einer Großküche und eine zum Läuterbottich umgebaute Milchwanne bilden das Sudhaus. Alles wird manuell betrieben. Der Jahresausstoß liegt ungefähr bei 700 Hektolitern, wobei bedacht werden sollte, dass ausschließlich superstarke Biere eingebraut werden, die acht, zehn oder mehr Prozent Alkohol haben. Und alles wird natürlich mit einem einfachen Weinfüller abgefüllt und in der Flasche vergoren. Das mutet alles sehr „belgisch" an und dies zu Recht. Alan wurde durch verschiedene Besuche in Belgien kulinarisch inspiriert, das spiegelt sich auch in seinen Bieren wider. Außerdem besitzt Alan 180 Holzfässer, die in seiner Industriehalle an der Yamill Street in Downtown Portland stehen; hier erfährt ein beträchtlicher Teil der Produktion seine Reifung. Alle Rohstoffe für die Biere von *Hair of the Dog* versucht der Brauer nach Möglichkeit aus der Region zu beziehen. Das stellt im Nordwesten Amerikas kein allzu großes Problem dar, gibt es hier doch die größten Hopfenanbaugebiete des Kontinents und zahlreiche Mälzereien. So kommen tatsächlich 99 Prozent aller Zutaten aus der Nachbarschaft.

Die Räumlichkeiten von *Hair of the Dog* sind übrigens typisch für Portland: Eine Industriehalle mit Rolltor beherbergt eine Brauerei mit Taproom auf engstem Raum. An der Bar können die wunderbaren Biere getrunken und dazu leckere, kleine Häppchen genascht werden, die der Besitzer oft selbst kredenzt. Alan ist die Ruhe in Person und nimmt sich immer Zeit, Interessierten die Brauerei zu zeigen und über Bier zu fachsimpeln. Hinfahren, probieren und genießen!

Oskar Blues

Wer die Geschichte von *Oskar Blues* betrachtet, kommt nicht an Bier in der Dose vorbei. Moment, wir wissen doch alle: Dosenbier ist langweilig, billig, fad und pasteurisiert! So sagt oder glaubt man jedenfalls, seitdem die Bierdose in Deutschland politisch geächtet ist. Dass es sich hierbei um einen weiteren Mythos handelt, der von der Politik und auch von vielen Brauern genährt wurde und wird, wissen freilich nur die wenigsten. Nachdem die Dose als Gebinde für Billigbiermarken völlig ruiniert war, wurde sie zudem 2003 aus politischem Kalkühl abgestraft und zunächst vom Markt verbannt. Aber diese Verpackung kann auch anders – wie uns ein weiterer Ausflug über den Atlantik ins gelobte Bierland zeigt. Der kleine Brewpub im Nest Lyons in Colorado am Rande der Rocky Mountains wurde 1997 von Dale Katechis gegründet. Er nannte seinen Pub *Oskar Blues*, nach dem dritten Blues Brother (der übrigens nur im Drehbuch existierte). Im Jahre 2002 beschloss Katechis, seine Biere abzufüllen, um sie auch außerhalb der gut laufenden Kneipe zu verkaufen. Also mussten Flaschen und ein Flaschenfüller her! Oder etwa nicht? Flaschen waren zu dieser Zeit *das* Gebinde der Craft Brewer in den USA, denn das andere optionale Produkt zur Abfüllung, die Dose, stand für billiges, langweiliges, pasteurisiertes Bier der großen Massenproduzenten – wie übrigens überall auf der Welt. Vielleicht gerade deswegen beschloss Katechis, seine extrem eingebrauten Ales in Dosen zu füllen. Schon wieder eine wunderbare Geschichte, die mit einem weiteren Mythos der Bierwelt aufräumt: Dosenbier ist ein langweiliges Massenprodukt und kann gar nicht in kleinen Mengen abgefüllt werden. Falsch! Katechis konnte den Dosenhersteller Ball davon überzeugen, dass auch eine kleine Charge Dosen für einen Craft Beer-Produzenten zu fertigen durchaus lohnenswert ist. Dies zwar weniger, um sofort großen Umsatz zu generieren, als vielmehr, um das angeschlagene Image der Bierdose aufzupolieren. Das Dosenmengenproblem war gelöst, aber

woher sollte ein geeigneter Füller kommen? So gab es doch nur riesige Rotationsfüller, die mindestens eine fünfstellige Anzahl von Dosen pro Stunde füllten. Die Rettung nahte aus Kanada: *Cask Brewing* in Calgery, Alberta, produzierte auch einen zweistelligen manuellen Füller, bei dem die leeren Blechbehälter unter ein Füllrohr gestellt werden, um danach per Hand mit einem Deckel versehen in den Verschließapparat gestellt und gebördelt zu werden. Am Anfang wurde auf diese Art rund um die Uhr gefüllt. „Craft Beer in a Can" schlug ein wie eine Bombe. 2014 besitzt *Oskar Blues* zwei Braustätten, eine in Longmont, Colorado, und eine in Asheville, North Carolina. In beiden wird jetzt übrigens mit einem KHS Füller gearbeitet, der knapp 20.000 Dosen pro Stunde füllen kann. Beleg für den großartigen Geschmack der Biere von Oskar Blues finden sich auf den Bierbewertungs-Plattformen *Ratebeer* und *Beeradvocate*: *Dale's Pale Ale* hat 2010 Gold, 2011 Bronze in der Kategorie English Style Pale Ale, 2012 Bronze mit *Mama's Little Yella Pils* in Bohemian Style Pilsner und 2013 Bronze mit *Old Chub* in der Kategorie Scotch Ale / Wee Heavy gewonnen.

Info

In den USA gibt es im Sommer 2014 schon 413 Brauereien, die 1.484 Biersorten in Dosen füllen. Immer Craft Beer, immer geschmacksintensiv und vor allem in der Regel nicht pasteurisiert. Jeder, der schon einmal ein gutes IPA direkt aus der Dose genossen hat, weiß, wie cool das ist! Auch die kleine Brauerei *The Alchemist* an der amerikanischen Ostküste braut ein hervorragendes Imperial IPA namens *Heady Topper,* das nur in Dosen abgefüllt wird. *Heady Topper* ist auf den Internet Bierbewertungs-Plattformen *Ratebeer* und *Beeradvocate* eines der bestbewerteten Biere. Die Brauerei musste kürzlich den Bierverkauf direkt an der Brauerei stoppen, da es immer wieder zum Verkehrschaos kam, wenn *Heady Topper* zu bekommen war. Auf der Dose steht übrigens die Empfehlung: „Bitte nicht erst den Weg über ein Glas gehen, da man nicht mühevoll das ganze Hopfenaroma in eine Dose packt, um beim Ausschenken wieder jede Menge davon zu verlieren." Prompt haben wir beim Verkosten aus dem Glas das Blatt einer Hopfendolde gefunden. Nicht gefiltert, nicht pasteurisiert – das ist Craft Beer!

Sierra Nevada

Ken Grossman, der Besitzer von *Sierra Nevada*, war nicht der Gründer der allerersten Craft Brewery in den USA. Doch *Sierra Nevada Brewing Co* gehört zur Riege der ersten und erfolgreichsten Brauereien, die bis heute den Geist und die Kultur einer Craft Brewery erhalten. Ein Besuch der Brauerei in Chico zeigt ganz klar: Die Vielfalt an Sorten und Geschmack hat Vorrang vor allem anderen, die Menschen arbeiten gerne hier und brauen gerne gutes Bier. Angefangen hat alles 1980, als Ken Grossman, bis zu diesem Zeitpunkt noch ein versierter Heimbrauer, seine erste kommerzielle Brauerei in Betrieb nahm. Zu dieser Zeit gab es nur große, industriell arbeitende Brauereien wie *Miller*, *Anheuser Busch* oder *Coors*. Deshalb suchte man Sudhäuser, Tanks und auch Zutaten in kleinen Mengen vergebens. Und so wurde das Brauequipment, wie so oft in dieser Branche, aus Behältern zusammengebaut, die eigentlich für die Milchproduktion gefertigt wurden. Um guten Hopfen zu bekommen, fuhr Grossman bis ins Yakima Valley im pazifischen Nordwesten, dem größten Hopfenanbaugebiet der USA. Hier konnte er ein paar 100 Kilogramm Hopfen ergattern, der eigentlich in diesen Mengen als Probier- und Testhopfen an die großen Brauereien herausgegeben wurde. In späteren Jahren entdeckte er für sich die Hopfensorte *Cascade* mit ihren ausgeprägten Citrusaromen und braute damit sein hopfenstarkes Pale Ale. Cascade wurde dadurch zu *dem* Hopfen der Craft Beer-Szene und wird wegen seiner Beliebtheit sogar seit ein paar Jahren auch in der Hallertau angebaut. Die Brauerei wuchs schnell, so dass die Milchkübel bald ans Ende ihrer Kapazität gelangten. Das nächste Sudhaus sollte dann das einer aufgegebenen deutschen Brauerei sein. Grossman reiste zum Ausbau und Zerlegen extra nach Europa, danach dauerte es weitere drei Jahre, bis es in Betrieb genommen werden konnte. Ende 2014 wird eine zweite Braustätte in Asheville, North Carolina, an der Ostküste in Betrieb genommen. Momentan braut die Brauerei weit über 1 Million Hektoliter pro Jahr. Was noch einer großen Menge klingt, ist allerdings wesentlich weniger als der Ausstoß der großen deutschen Brauereien, die wir aus der Fernsehwerbung kennen.

Verboten Brewing

Der Name dieser Brauerei spricht Bände: *Verboten* ist ein Seitenhieb auf Deutschland, das Land der Regelungslust, insbesondere mit Blick auf das Reinheitsgebot. Wir ahnen, dass die Gründer der kleinen Brauerei in Loveland, Colorado, Joe Akers und Josh Grenz, sich nicht an alten Ge- und Verboten stören und verschiedenste Biere auch unter Verwendung von Kräutern, Früchten, Gewürzen oder unvermälztem Getreide brauen. Dabei kommen so verführerisch klingende und auch schmeckende Getränke wie *Orange Blossom Honey Wheat*, *Lemongrass Wit* oder *Peach-Habanero Golden Ale* heraus. Die Brauer wagen sich sogar an ein spontan vergorenes Bier heran, das *American Wild Ale*. Im April 2014 haben zwei Biere von *Verboten* beim World Beer Cup einen Preis gewonnen: Das *Pure Imagination*, ein Oatmeal Stout, und das *Bourbon Barrel Aged Mountain Man*.

Ihre Brauanlage ist mit drei Barrel – das entspricht weniger als 400 Litern – eher klein, und ist stark an eine Heimbrauerei angelehnt. Bei *Verboten Brewing* ist eine kleine, aber komplette Brauerei mit Tastingroom eingerichtet, die die Inhaber parallel zu ihren eigentlichen Jobs aufbauten. Wie so oft entschlossen sich auch hier Bierenthusiasten nach einem erfolgreichen Start als Heimbrauer zum Schritt in die Selbständigkeit mit einer eigenen Brauerei.

Bei *Verboten Brewing* fühlt sich der Besucher bedingt durch die übersichtliche Größe der Anlage und des Gastraums direkt in die Brauerei integriert und kann so beim Biergenuss unmittelbar am Braugeschehen teilhaben. Die 25 Sitzplätze sind nur durch eine kleine Kette, die ohnehin meistens offen ist, von den Brauanlagen getrennt. Ein Gespräch mit einem der netten, offenen Brauer gibt's inklusive zum Bier. Das ist typisch für Craft: Hier bilden Brauerei und Biertrinker eine Gemeinschaft und interessierte Besucher sind immer willkommen. Hinfahren, kosten und genießen!

Wit's End

Wit's End war bis vor wenigen Monaten das, was in den USA als Nano Brewery (noch kleiner als Micro Brewery) bezeichnet wird. Hier finden sich ehemalige Heimbrauer, die ihre Anlage kommerziell betreiben, oft in einer Garage. Stellt sich der gewünschte Erfolg ein, wird investiert und die nächste Generation einer Brauanlage wird angeschafft. Scott Witsoe ist gerade auf dem Weg, diesen Schritt zu gehen. Die sieben Barrel (knapp 1.000 Liter) -Anlage ist gekauft und muss jetzt zusammengebaut werden. Sie ersetzt die kleine Anlage von *Blichmann Engineering*, wie wir sie auch später bei *Vagabund* (S. 124) sehen werden. Scott ist Familienmensch und geht daher bedacht vor, sind die Familien doch in der Regel eher die Leidtragenden bei den Brauprojekten oder müssen zumindest enorm viel Zeit, Energie und Geduld aufbringen, um die Brauereibesitzer, meistens Männer, zu unterstützen. Scott hat dies jedenfalls auch immer im Hinterkopf. Drei Töchter hat er und die machen natürlich auch jede Menge Arbeit. Scott sagt, eine Brauerei ist nicht durch ihre Anlage groß, sondern durch den Brauer, der damit arbeitet. Er will also ganz bewusst klein bleiben. Das funktioniert, wie schon andere Brauer unter Beweis gestellt haben (siehe auch Alan Sprints, *Hair of the Dog*). Aufgewachsen ist Scott in Seattle. Hier wurde er von den aggressiv gehopften Ales der Westküste geprägt. Er nimmt diese Bierstile auf, entwickelt sie weiter und erfindet sie völlig neu. So ist zum Beispiel das *Wilford*, ein Belgian Oatmeal IPA mit US-Hopfen, belgischer Hefe und Hafer oder *Jean Claude van Blonde*, ein belgisches Blond mit Hafer, das 2014 beim Great American Beer Fest in seiner Kategorie die Goldmedaille gewann. Daneben gibt es die One Hop One-Malt-Serie wie *One-Cascade* und *One-Columbus*, diese reduzierten Biere sind vortrefflich geeignet, um die Eigenschaften

einzelner Hopfensorten kennenzulernen. Das *Messenger Porter* hat Scott exklusiv zum einjährigen Jubiläum des *Denver Bicycle Cafés* eingebraut, in dem es übrigens mit integrierter Fahrradwerkstatt auch einige Biere vom Fass gibt. Eine schöne, nachahmenswerte Idee!

6 Die neue deutsche Bierszene

Die deutsche Szene des Craft Beers ist vielgestaltig und, ebenso wie in anderen Ländern, dynamisch wachsend.

Die Darstellung aller Akteure würde einen bereits bei Drucklegung veralteten Überblick geben, deshalb sollen hier beispielhaft einige typische Vertreter vorgestellt werden, die wir in drei verschiedene Gruppen einteilen:

- Brauer, die eine komplett neue Brauerei gründen und mit viel Engagement betreiben.

- Brauer ohne eigene Brauerei, aber voller Ideen und Innovation. Sie mieten sich in Brauereien ein, um ihre Biere zu brauen. Im angelsächsischen Sprachraum auch Gypsy Brewer genannt.

- „Ableger" der Braukonzerne.

Brauer

Beginnen wir mit den Craft Beer-Brauern, die sich alle durch ihre individuelle Herangehensweise ans Brauen auszeichnen. Dabei soll die Berliner Brau-Szene besonders betrachtet werden, denn hier befindet sich das Epizentrum der deutschen Craft Beer-Brauer! Das erste Beispiel bildet hier ein typisch-untypischer Brauer, der als studierter Künstler tatsächlich ein ganz „echter" Craft Brewer ist:

Heidenpeters

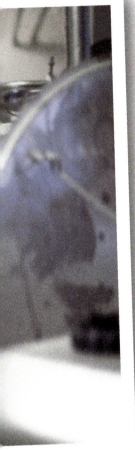

Craft Brewer sind Künstler, freischaffende Künstler, die uns immer wieder neue Biere kreieren. Johannes Heidenpeter ist sogar studierter Künstler, hat er doch an der Berliner Universität der Künste gelernt. Doch dann kam er zum Bier. 2010 gab es den ersten Kontakt mit einem Porter, danach ging alles sehr schnell und auch irgendwie klassisch voran. Johannes fing mit dem Heimbrauen an und brachte sich in kürzester Zeit das Brauen bei. Freunde bestätigten ihm, dass er mit seinen Bieren auf dem richtigen Weg sei. Der Plan, die eigene Brauerei zu bauen, war gefasst. Kurz nachdem der Gedanke, eine mobile Brauerei zu gründen, verworfen wurde, kam die Markthalle IX in Berlin-Kreuzberg ins Spiel. Ein neues, städtisches Konzept sollte diese Halle wieder ihrer ursprünglichen Funktion zuführen und die benachbarten Einwohner mit frischen, guten und lokalen Lebensmitteln versorgen. Johannes wurde sich schnell mit dem Marktmanagement einig und konnte mit dem Bau seiner Brauerei im Keller der Markthalle, einer ehemaligen Metzgerei, beginnen.

Sein Vorgehen war – für deutsche Verhältnisse – völlig unkonventionell; so funktionierte er diverse Edelstahlbehälter aus der Lebensmittelindustrie zu einem Sudhaus um, das knapp 500 Liter Ausstoßmenge hatte. Der Schornsteinfeger machte dem Ganzen jedoch erst einmal einen Strich durch die Rechnung, weil er die Befeuerungsanlage mit Gas nicht zulassen wollte: Kein CE-Siegel, da selbst gebaut, und damit in Deutschland undenkbar. Johannes gab nicht auf und stellte alles kurzer Hand auf elektrisches Heizen um – das funktioniert bis heute. An den Markttagen in der Halle wird immer ohne Ende gezapft, das Geschäft brummt. Pale Ale, Saisonaire, Vanilla Porter und diverse andere Leckerchen fließen aus den drei Hähnen der Marktschänke. In den ersten zwei Jahren sind hier schon 50 verschiedene Biersorten ausgeschenkt worden. Dazu kommt es auch immer wieder zu Inspirationen und Kooperationen mit den anderen Anbietern der Markthalle. Inzwischen steht auch ein neuer Flaschenfüller im Braukeller, den übrigens Frank Hinkelmann, ein Heimbrauer, gebaut hat. Er produziert in seinem Betrieb für Lebensmitteltechnik nebenbei sinnvolles Equipment für Kleinbrauer, das in Deutschland selten zu finden ist. Flaschen werden derzeit noch vorsichtig im nahen Umfeld vertrieben, damit Johannes nicht plötzlich Lieferverpflichtungen eingeht, die er nicht erfüllen kann – doch in Anbetracht seiner super leckeren Biere ist er ohnehin gerade dabei, die Kapazität seiner Brauerei zu vergrößern.

Weiter geht es mit den gelernten, und oft auch studierten, neuen Brauern:

 ## Braustelle

Eigentlich ist Peter Esser der allererste Craft Brewer in Deutschland. Schon 2002 experimentierte er mit ungewöhnlichen Zutaten wie etwa mit Hibiskusblüten oder Rosmarin, und gab seinen Kreationen so klangvolle Namen wie *Pink Panther* und *Rosemarie*. Beide Biere ließen sich keinen Stilen zuordnen; seinerzeit dachte in diesem Land noch niemand an Craft Beer. Auch braute er *Helios* – ein Kölsch, das nicht Kölsch heißen durfte, weil es nicht gefiltert war. Diesem Unsinn zum Trotz ist das *Helios* aus der Braustelle ein gut gehopftes Bier und damit ein authentischer Vertreter seines Stils.

In dieser Zeit produzierte Peter auch ein Ehrenfelder Alt, was in Köln einem Sakrileg gleichkommt und natürlich kontrovers diskutiert wurde. Anfangs als saisonales Bier eingebraut, hat es heute einen festen Platz an der Zapfanlage, die mittlerweile auf acht Zapfhähne mit immer unterschiedlichen Sorten angewachsen ist.

Angefangen hat alles im Dezember 2001, als die *Braustelle* in der Venloer Straße in Köln-Ehrenfeld eröffnet wurde. Zuvor war Peter als Braumeister im *Weißbräu zu Köln* als Braumeister tätig und hatte schon seit längerem geplant, sich mit einer eigenen Brauerei selbstständig zu machen. Eine 300 Liter-Anlage wurde in Leipzig gefunden, die zuvor schon auf Mallorca ihren Dienst getan hatte. Aus Kapazitätsgründen musste 2008 ein neues Sudhaus her. Das hatte dann die stattliche Kapazität von 1.000 Litern und wurde direkt über Gas befeuert. An der Anlage war bewusst alles ganz einfach gehalten, so dass sie wie eine übergroße Heimbrauanlage anmutete. 2010 brachte Sebastian Sauer frischen Wind in die *Braustelle*. Voller Tatendrang initiierte er die Marke *Freigeist*, deren erste Sude von Peter gebraut wurden. Wie schon im Textteil über Sebastian zu erfahren war, sollten vor allem historische Biere wiederbelebt und interpretiert werden. So waren es beispielsweise Gosen (ein saures Weizenbier mit Salz), die jetzt in Köln eingebraut wurden. Zudem gibt es inzwischen eine Brennerei, in der Bierbrände, Malzliköre und bald auch Whiskys hergestellt werden. Seit 2010 findet einmal im Jahr im Bürgerzentrum Ehrenfeld das Festival der Bierkulturen statt, das Peter und Sebastian organisieren. Dort treffen sich internationale Brauer und Bierenthusiasten, um zwei Tage lang Biere zu verkosten und sich auszutauschen. Das Fest ist damit das älteste seiner Art in Deutschland und war bei seinem Debüt 2010 seiner Zeit weit voraus. Es ist ein authentisches Fest der Craft Beer-Szene; es gibt keine Brauereien, die sich durch ein üppiges Budget mit Bierzelt oder sonstigem Schnickschnack hervortun können. Alle Stände sind schlicht und gleichberechtigt, denn im Vordergrund steht ganz klar das Bier.

Braukunstkeller

Für Alexander Himburg fing alles „ganz normal" an: Zuerst absolvierte er eine Lehre in einer großen Industriebrauerei, dann trat er eine Stelle als Braumeister in einer kleinen Odenwälder Hausbrauerei an. Aber dann probierte er eines Tages ein India Pale Ale. Das veränderte seine Wahrnehmung für Bier und er beschloss, diesen leckeren Bierstil selbst zu brauen. Zunächst testete er in seiner Freizeit verschiedene Rezepte auf einer 50 Liter-Anlage, danach wurden diese in der Hausbrauerei, für die er damals arbeitete, gebraut. Die Marke *Braukunstkeller* war geboren. 2013 kam Alex glücklicherweise mit der Michelstädter Brauerei in Kontakt, deren Besitzer schnell klar wurde, dass er mit *Braukunstkeller* seine Kapazitäten besser auslasten konnte. Die beiden Brauer kamen schnell zu einem Agreement: Alex kann sich komplett in einen Teil der Brauerei einmieten und ihm stehen feste Zeiten im Sudhaus und ein Teil des Gär- und Lagerkellers uneingeschränkt zur Verfügung. Mit dieser Vereinbarung trifft es ihn besser als viele Gypsy Brewer, denn Alex hat die volle Hoheit über den gesamten Produktionsprozess, ohne dass ihm jemand dazwischenfunkt. Hinzu kommt, dass das 80 Jahre alte Sudhaus direkt befeuert wird und damit ideal ist, um komplexe Biere zu brauen. Alex vertreibt seine Ales mit viel Engagement; auch dies macht den großen Erfolg von *Braukunstkeller* aus. Er ist immer und überall unterwegs und bei Bierfesten und Veranstaltungen rund ums Craft Beer anzutreffen.

Brauprojekt 777

Die vier Freunde Arne, Christian, Torsten und Tim sind das *Brauprojekt 777* in Voerde. Zusammengefunden haben die Vier über den Mofaclub „Die Kobras" – Mofa-Rocker, die an ihren 50ern schrauben und auch Rennen damit fahren. Doch seit 2012 bleibt ihnen wohl nicht mehr allzu viel Zeit dazu, denn seitdem betreiben sie ihr *Brauprojekt 777*, ein Name, der an die erste urkundliche Erwähnung ihres Heimatortes erinnert. Nach einigen Jahren als Heimbrauer haben die Jungs inzwischen eine eigene Brauerei zusammengebaut, deren Kapazität bei 6,5 Hektoliter pro Sud liegt. Dieser Eigenbau war für die Maschinenbautechniker eine Aufgabe, die sie auf ihre Art und von Anfang an mit möglichst wenig Arbeits- und Wartungsaufwand lösten. Selbst der Flaschenfüller der Brauerei ist selbst gebaut. Arne, der gelernte Brauer, kümmert sich seit einiger Zeit ganztags um das Projekt, für die anderen ist das Brauen eine Freizeitangelegenheit. Die Brauerei ist vor allem lokal – dem Vorbild einer Craft Brewery entsprechend – orientiert. Denn jeder sollte die Gelegenheit haben, gutes Craft Beer aus einer nahegelegenen, lokalen Brauerei zu beziehen. Da haben wir in Deutschland noch viel Entwicklungsarbeit vor uns, vor allem außerhalb von Oberfranken. Glücklicherweise gibt es in der Nähe von Brauprojekt 777 einen befreundeten Gärtner, der am Niederrhein verschiedene Hopfensorten anbaut. Diesen Hopfen setzen die Jungs von 777 bei ihren Suden ein, wenngleich die Menge des erzeugten Gewächses noch nicht für den kompletten Bedarf ausreicht. Der Verkauf erfolgt größtenteils direkt ab der Brauerei, dem sogenannten Lagerverkauf. Dieser findet immer an Samstagen statt und wird publik gemacht, sobald wieder genug Bier gebraut ist. Es gibt Pilsner, Alt und Märzen, aber auch Red Ales, Single Hop Ales und IPAs, die in 0,33er Stubbies (Steinie-Flaschen) und Holzkisten verpackt sind. Die Kisten werden in einer Behindertenwerkstatt hergestellt und dürfen von den Kunden der Brauerei frei gestaltet werden. Ein unbedingt cooles Projekt!

Buddelship

Bevor Simon Siemsglüß seine eigene Brauerei in Hamburg-Stellingen eröffnete, ist er viel herumgekommen in der Welt. Simon ist typischer Hanseat und absolut tiefentspannt, was vielleicht auch an seiner Weltenbummelei liegen mag. Nach einem Studium in Montreal und London mit Abschlüssen in Ökonomie und Politik fing er sich wohl irgendwo den Biervirus ein und setzte noch den „Certified Brewmaster" an der Versuchs- und Lehranstalt in Berlin obendrauf. Nach einem halbjährigen Praktikum bei *Paulaner* ging er nach China, danach wieder nach London, wo er bei der Brauerei *Zerodegrees* arbeitete. Im Jahr 2011 schob Simon noch einen Master in Brewing and Destilling an der Heriot-Watt University in Edinburgh nach. Wieder zog er los in die weite Welt, diesmal nach Hong Kong, denn daher kommen seine Freundin und sein Hund. Und dort sollte auch seine Brauerei gebaut werden, was sich allerdings als zu kompliziert herausstellte. Zurück also nach Hamburg und schon sind wir beim *Buddelship* im Jahr 2014. Die komplette Brauerei befindet sich in einer alten Fischkonservenfabrik: Ein 10 Hektoliter-Sudhaus mit Dampf beheizt, offene Gärbehälter, auch ein paar von den kostspieligen, mantelgekühlten, zylindrokonischen Gärtanks und dazu noch liegende Tanks im Kühlraum. Der kleine Flaschenfüller ist von einem Hersteller aus Kanada, alles typisches Craft Brew-Equipment, und natürlich hat Simon die gesamte Brauerei ganz unkompliziert und unprätentiös selber geplant und gebaut. Die Brauerei wurde denn auch ohne großes Tamtam in Betrieb genommen und verfolgt das richtige Konzept: Der Kernmarkt soll lokal erschlossen werden. Dafür braucht es in Deutschland ohnehin noch jede Menge Brauereien, die die Menschen direkt in der Nachbarschaft mit Bier versorgen – handwerklich gebraut, versteht sich. An Bieren werden derzeit *Brügge Belgian Saison*, *Great Escape IPA*, *Mitschnagger Pilsener* und *Blanker Hans Weißbier* gebraut.

Hopfenstopfer

Thomas Wachno gehört zum „Inventar" in der Brauerei Häffner in Bad Rappenau. Nachdem er seine Lehre dort gemacht hatte, übernahm er 1997 die Position des damaligen Braumeisters. Aus der Meisterschule wurde dann nichts, weil der Chef der Brauerei aus gesundheitlichen Gründen aufgeben musste und Thomas seitdem die komplette Brauerei zu steuern hatte. Die beiden Chefinnen der *Häffner Bräu* ließen ihm dabei völlig freie Hand. 2010 kam ihm, als einem der ersten in Deutschland, die Idee, neue und hopfenstarke Biere zu brauen. Diese sind in der Regel mit Hopfen gestopft, um durch eine Hopfengabe im Lagertank noch mehr Aromen in das Bier einzubringen. Damit war der Name für eine neue Biermarke geboren. Der *Hopfenstopfer* ist Craft Beer. Alles wird in der Brauerei selbst gemacht: Die Rezepte erfinden, die Rohstoffe bestellen, den Brauvorgang managen, den Internetauftritt und die Etiketten gestalten, den Vertrieb organisieren und und und. Das alles findet in einer kleinen mittelständischen Brauerei statt, die davon profitiert und so dem alltäglichen Verdrängungswettbewerb in der deutschen Brauereilandschaft gut standhält. Während *Häffner Bräu* traditionell um den Schornstein verkauft wird, läuft der *Hopfenstopfer* deutschlandweit. Inzwischen ist die gute Entwicklung und die Sortenvielfalt vom *Hopfenstopfer* eine Herausforderung für das Management in der Brauerei. Denn diese ist – wie so oft – nicht dafür ausgelegt, viele Sorten in kleinen Mengen zu brauen. Thomas meistert das alles mit schwäbischer Gelassenheit. Er begegnet den normalen Widrigkeiten wie einem nach Jahrzehnten versagenden Dampferzeuger souverän und disponiert um. Dann müssen die neuen Gärtanks, die eingeplant waren, eben erst einmal warten. Mit ein wenig Improvisation ist die Versorgung mit den Hopfenstopfer Ales auch weiterhin gesichert.

Kehrwieder

Oliver Wesseloh schloss sein Studium an der Versuchs- und Lehranstalt Berlin ab und zog mit seinem Wissen in die weite Welt: 2007 ging er mit seiner Frau Julia auf die Kaimaninseln, um dort als Braumeister der *Cayman Island Brewery* zu arbeiten. 2010 zogen die Wesselohs – inzwischen zu viert – in die USA. Olli lernte als Berater jede Menge Brauereien kennen und bekam so einen intensiven Einblick in die wunderbare Welt der US-amerikanischen Craft Beer-Kultur. Gleichzeitig entstand der Wunsch, eine eigene Brauerei zu gründen. Als es 2012 zurück ins heimische Hamburg ging, wurde die Kreativbrauerei *Kehrwieder* aus der Taufe gehoben. Der Namensgebung liegt der Hamburger Gruß der zur See fahrenden Männer zugrunde, außerdem steht der Name für Ollis Rückkehr in seine Heimatstadt. Dabei ist das, was Olli macht, ganz eindeutig Craft Beer. Um die Biere der neuen Brauerei mit Leben zu füllen, wurde zunächst als Gypsy Brewer bei *Raekker Mølle* und *Fanø Bryghus* in Dänemark und in der *Vormann Brauerei* in Hagen gebraut. Gleichzeitig, denn ohne eigene Brauerei geht es nicht, baute er aus gebrauchten Milchkübeln bei einer befreundeten Schlosserei in der Oberpfalz ein Sudhaus zusammen, das sogar mit Dampf beheizt war, und wartete auf geeignete Räumlichkeiten in Hamburg. Und die fanden die Wesselohs 2014 endlich in ihrer Heimatstadt. Während diese Zeilen geschrieben werden, laufen schon alle Vorbereitungen, um die Brauerei in Betrieb zu nehmen. Da war doch noch was? Allerdings, denn 2013 wurde Olli Weltmeister der Biersommeliers. Ein Titel, der Segen und Fluch zugleich ist, denn für die eigene Brauerei und auch für die ganze Craft Beer-Bewegung in Deutschland ist es ein Segen, dass der richtige Mann diesen Posten für zwei Jahre besetzt. Für Olli mag es manchmal auch ein Fluch sein, denn der Weltmeister wird viel herumgereicht und muss sein eigenes Brauereiprojekt aus Zeitgründen vernachlässigen. Wie dem auch sei, Hamburg bekommt in diesen Tagen eine weitere Craft Beer-Brewery. Damit nimmt die Hansestadt Kurs darauf, bald als zweite neue Bierstadt Deutschlands zu gelten.

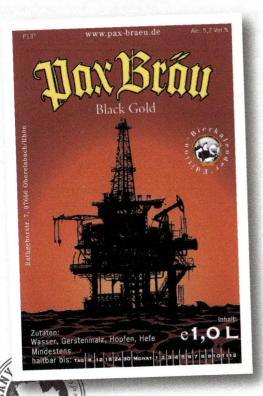

Pax Bräu

Andreas Pluskal ist schon aufgrund seiner bärtigen Erscheinung der Prototyp eines Craft Brewers und genau das passt wunderbar zum Rest von Pax Bräu. Die Idee zum Namen hatten Andreas oder seine Freundin wohl irgendwo in Laos, denn auch der Untertitel der Brauerei kommt uns irgendwie bekannt vor: „Schwerter zu Zapfhähnen". Bevor er 2007 seine eigene Brauerei im kleinen Kaff Oberelsbach an der Rhön gründete, reiste er beruflich als Braumeister in der Weltgeschichte herum. Er arbeitete in Russland, China, Türkei, Südafrika und weiteren fernen Ländern. Dort nahm er Brauanlagen in Betrieb und sah wohl oft, dass Bier nicht unter Zeitdruck und ausschließlich nach ökonomischen Gesichtspunkten hergestellt werden sollte. Andreas lernte bei der *Würzburger Hofbräu*, machte dort seinen Braumeister und später auch die Ausbildung zum Biersommelier in der Doemens Schule in Gräfelfing. Er braut Biere abseits des Massengeschmacks. Seine lokal fränkischen Sorten wie das Vollbier, das mit einem Hauch Rauchmalz gebraut wird, sind geniale Vertreter dieses Bierstils. Lagerbier kann ja so gut sein! Dazu kommt noch ein schönes Hefeweizen. Dann geht es aber erst richtig los mit dem Bierkalender. Hierfür braut Andreas jeden Monat ein neues Bier und erzeugt damit eine beachtliche Vielfalt, bei der er keinen Bierstil auslässt. Wobei ein so geniales Bier wie etwa *From Asia with Love* eigentlich keinem festen Stil zugeordnet werden kann, ist es doch ein Bière Blanche mit Koriander, Ingwer, Orangenschalen, Zitronengras und wahrscheinlich noch mehr – absolut ausgewogen, ein ungeheuer komplexes Bier. Dazu kommen noch ein IPA, Stouts, Märzen, Böcke und vieles mehr, die in ein Liter-Bügelverschlussflaschen mit großartig gestalteten Etiketten abgefüllt werden. Andreas fing mit einer selbstgebauten Anlage an, mittlerweile hat er auf ein 10 Hektoliter-Sudhaus der Firma MBT aufgerüstet. Die Brauerei erzeugt auch warmes Wasser und Strom mit Hilfe der Sonne. Das alles findet auf einem Bauernhof in Oberelsbach statt, wo ihn der Vater und sogar der 80-jährige Onkel tatkräftig unterstützen. Brauen kann ausschließlich Andreas. Eine 60 bis 80 Stunden-Woche ist da normal. Aber welcher Brauer, der einen neuen Betrieb aufbaut, kommt mit weniger Einsatz hin?

Diese Energie bringen all die neuen Brauer nur deswegen auf, weil sie mit Leidenschaft Bier brauen und auch, weil es immer mehr Menschen gibt, die Craft Beer zu schätzen wissen und es genießen. Genießen, das ist wohl auch für den Verband der Privaten Brauereien der Grund gewesen, den *European Beer Star* ins Leben zu rufen, eine Veranstaltung, bei der sich Biere miteinander messen sollen. Eine Jury verkostet die Biere blind und vergibt Medaillen für die einzelnen Bierstile. Auch Andreas hat hier mitgemacht und sage und schreibe zehn verschiedene Biere eingereicht, darunter auch sein *Peppermint Stout* in der Kategorie *Herb & Spice Beer* (Kräuter und Gewürze). Doch diese Art von Bier ist nur Brauern aus dem Ausland vorbehalten – deutsche Brauer haben gefälligst nach dem Reinheitsgebot zu brauen! Deshalb wurden mehrere Biere von *Pax Bräu* daraufhin nicht zum Wettbewerb zugelassen. Wir möchten ergänzen: Dies ist der gleiche Verband, der immer wieder das Brauereisterben in diesem Land beklagt – und hier bremst er ganz uncharmant ein kreatives Startup aus? Warum nur? Sind da etwa alte Pfründe zu wahren?

Schoppe

Thorsten Schoppe ist das Berliner Craft Beer-Urgestein. Schon seit 2001, als Thorsten mit dem Brauhaus *Südstern* anfing, braute er dort in der Hausbrauerei zuerst normale Biere, später individuelle Biere in kleinen Suden: Bier, das die Bezeichnung Craft Beer verdient. Bereits während seiner Lehre in der Brauerei *Feldschlösschen* in Braunschweig fing Thorsten an, zu Hause in der eigenen Küche zu experimentieren. Der normale Braualltag war ihm zu langweilig. Auch während des Studiums an der *Versuchs- und Lehranstalt für Brauerei* in Berlin machte er weiter und produzierte gemeinsam mit Kommilitonen jede Menge Hausgebrautes. Damals hatte er Kontakt zur *Bier-Company*[10], die bereits in den 1990ern in Berlin begann, Biere jenseits des Mainstreams zu brauen. Unter anderem sollte es auch ein Bier mit Hanf geben. Doch damit waren sie ihrer Zeit (zu) weit voraus; das Projekt wurde eingestellt. Thorsten begann dann aufgrund seiner Hopfenliebe, intensive Ales zu brauen. Unter seinem Markennamen *Schoppe Bräu* produziert er auf der schlichten Anlage am Südstern viele, tolle Biere: das *XPA*, ein India Pale Ale, das *Roggen Roll*, ein Roggen Ale mit viel Hopfen, *Holy Shit*, ein Double IPA, und *Black Flag*, ein Imperial Stout. Berliner Weiße mag Thorsten nicht so gerne und auch von der Sauerbierwelle will er nichts wissen: „Ich kämpfe doch nicht in einer kleinen Brauerei 12 Jahre gegen saure Biere und mache die jetzt freiwillig!" In der Berliner Brauszene fest verwurzelt, ist es für Thorsten klar, dass er einigen Berliner Gypsy Brauern seine Unterstützung anbietet. So kann *Vagabund* in Thorstens Anlage größere Sude brauen, ebenso die *Spent Brewers Collective* und vormals auch *Beer4Wedding*, die es schon nicht mehr gibt, jetzt *Bierfabrik* heißen und eine schicke neue Brauerei besitzen. Ja, auch der Berliner Craft Beer-Markt ist überaus dynamisch. Seit kurzem ist Thorsten außerdem noch verantwortlich für die neue Bierbrauerei am Pfefferberg, damit keine Langeweile aufkommt.

---

10 Zwei von den *Bier-Company*-Betreibern brauen übrigens heute Craft Beer in der *Cerveceria Kross* in Chile.

Vagabund

Ein Blick zurück in die USA: Die Craft Beer-Bewegung ist hier schon so weit fortgeschritten, dass in jedem Stadtviertel eine Brauerei eröffnet wird. Dort warteten die Menschen geradezu darauf, dass endlich auch in ihrem Kiez so etwas passiert. Genau das haben die drei Amerikaner Tom Crozier, David Spengler und Matt Walthall in Berlin realisiert: Sie gründeten einen Neighborhood Brewpub. Um eine kleine, einfache Brauanlage zu bauen, sammelten sie mittels Crowdfunding das notwendige Kapital von 20.000 Euro und kauften eine Anlage von *Blichmann Engineering*, einem Hersteller für Heimbrauequipment aus Indiana. Eine weite Reise für eine Anlage, die jetzt im Brewery Tap in Berlin-Wedding zu finden ist und viele verschiedene Biere wie Espresso Stout, IPA, Pale Ale und Saison braut. Wedding besitzt damit also einen echten Kiez- oder Nachbarschafts-Brewpub nach amerikanischem Vorbild. Tatsächlich kommen die meisten Besucher auch aus dem direkten Umfeld von *Vagabund*. Hier können sie aber nicht nur die Biere von *Vagabund* selbst, sondern auch jede Menge andere Craft Beers kosten. Denn zu einem echten Brewery Tap gehört auch, nicht nur eigenes Bier, sondern auch das von anderen Brauereien auszuschenken. Dies und mehr unterscheidet einen Neighborhood Brewpub von einer Hausbrauerei hierzulande. Denn bei letzterer wird meistens nur ein helles, ein dunkles und mit ein wenig Glück auch mal ein Weizen produziert – innovatives Craft Beer sucht man oft vergebens.

Brauer ohne eigene Brauerei

In Deutschland gibt es viele Brauereien mit Überkapazitäten. Der Gedanke liegt nahe, eigenes Craft Beer einfach in einer vorhandenen Brauerei zu brauen und das Risiko einer eigenen Investition zu vermeiden. Gleichzeitig freut sich der betroffene Brauer, dass seine Anlage mehr ausgelastet wird. Ganz so einfach ist das freilich nicht. Viele Brauereien wollen sich nicht darauf einlassen, einen Fremden in den heiligen Räumlichkeiten brauen zu lassen. Hinzu kommt, dass die Auslegung normaler Brauereien sehr begrenzt ist, da sie auf deutsche Sorten spezialisiert sind. Auch sind die Sudhäuser in der Regel zu groß, um viele verschiedene Sorten zu brauen, und die Keller sind für die hopfengestopften Ales oft viel zu kalt. Und dann droht auch noch von Seiten der Hefe Gefahr, denn andere Hefesorten als die eigenen sind eine Bedrohung, von Milchsäurebakterien und wilden Hefestämmen ganz abgesehen. Es gibt aber dennoch einige Brauer, die für die verrückten Ideen mancher Craft Beer-Brauer offen sind und in deren Anlagen innovative Biere gebraut werden können. Im Folgenden stellen wir einige Bierfreunde vor, die mit viel Enthusiasmus ihre Ideen in und mit solchen Brauereien verwirklichen.

- **Christian Hans Müller** geht einen ähnlichen Weg mit den Marken *Backbone Splitter* und *Bayrisch Nizza*. Außerdem hat er ein neues Label, *Hans Craft*, dessen erste Sorte, das *Backbone Splitter*, ein India Pale Ale im Stile der Westcoast IPAs und ein Vertreter der neuen Bierkultur schlechthin ist. Mit *Bayrisch Nizza* geht Christian Hans Müller in eine ganz andere Richtung. Dieses leichte, hopfenaromatische Weizen ist nach seiner Heimat Aschaffenburg – auch bekannt als Bayrisch Nizza – benannt. Doch die Bezeichnung Bayrisch ist in Zusammenhang mit Bier kein Spaß und steht unter Schutz, denn natürlich ist Bayrisch eine Herkunftsbezeichnung. Das macht Sinn. Der *Bayrische Brauerbund* als solcher sieht sich in der Pflicht, hierüber zu wachen. Auch das macht Sinn. Doch scheint Christian als Nicht-Mitglied des Verbands nicht in das Raster derer zu passen, die meinen entscheiden zu dürfen, wer bayrisches Bier brauen darf und wer nicht. Infolgedessen wurde *Bayrisch Nizza* abgemahnt und damit ein Startup ausgebremst, das die Vielfalt in der Brauereilandschaft vermehren will und dabei noch nicht einmal gegen das Reinheitsgebot verstößt. Am Ende hat Christian Recht bekommen, musste aber Zeit und Energie für einen Rechtsstreit investieren. Unnötig, und hoffentlich ein Einzelfall.

- **Philipp Overberg** aus Münster ist ein passionierter Heimbrauer, der zu Hause mit seiner eigenen Brauanlage das *Pumpernickel Porter* entwickelt hat. Unter dem Brauereinamen *Gruthaus* braut er dieses und andere Biere in *Liebhart's Privatbrauerei* in Detmold. Der Name *Gruthaus* leitet sich von der Institution ab, die es früher in allen norddeutschen Städten gab. Grut wurde, nein musste bis ins 13. Jahrhundert zum Bierbrauen verwendet werden. Das Grutmonopol besaßen die jeweiligen Landesherren und hatten damit eine bedeutende Einnahmequelle. Ab dem 13. Jahrhundert wurde Grut immer mehr durch den Hopfen verdrängt. Neben dem *Pumpernickel Porter*, das tatsächlich mit Pumpernickel gebraut wird, stellt Philipp auch ein saures Altbier her, ganz in der Münsteraner Tradition. Das saure Altbier dieser Region ist durch Milchsäure gesäuertes Alt, das wesentlich heller ausfällt als seine Düsseldorfer Verwandten.

- **Philip Roberts** (ja, es gibt tatsächlich zwei Philip(p)s in der kleinen, deutschen Craft Beer-Szene!) geht mit seinen *Onkelbieren* einen ganz anderen Weg. Da er seine Biere auch mit der Brettanomyces-Hefe vergären will, findet er in Deutschland keine Brauerei, die ihn unterstützt. Brettanomyces ist ein besonderer Hefestamm, der zum ersten Mal in englischen Bieren nachgewiesen wurde. Von den Craft Brewern kurz „Brett" genannt, hat dieser kleine Kerl einen ganz anderen Stoffwechsel als die herkömmlichen Hefen. Er begnügt sich auch mit allem, was die normalen Bierhefen so übriglassen, und führt im Verborgenen ein von Langsamkeit geprägtes Leben. Dabei verändert er nach und nach immer mehr seinen Lebensraum, das Bier. Kennt man sich nicht aus mit ihm, macht er dabei, was er will, und das Ergebnis sind oft seltsame Aromen und auch Säuren. Ist Brettanomyces ungewollt im Bier, entsteht nach einiger Zeit ein Produkt, das der Brauer so nicht geplant hat – daher die Ablehnung der Brauer, sich mit diesem eigenwilligen Organismus ernsthaft zu beschäftigen. Doch nicht so in Belgien, wo Brettanomyces traditionell eine große Bedeutung hat. Er prägt maßgeblich die spontan vergorenen, sauren Biere, die Lambiks. Deshalb wurde Philip auch erst in Belgien bei Dirk Naughts, dem Inhaber der *Brouwerij de Proef*, fündig. Der Name bedeutet übrigens nichts anderes als Versuchsbrauerei. Und so wird die Berliner Weiße, pardon, die *Weiße Berliner Art* von *Onkel* mit Rhabarber mithilfe von „Brett" gebraut.

- **Sebastian Sauer** reiste schon im gerade trinkfähigen Alter nach Belgien. Das Nachbarland lockte mit einer Biervielfalt, die im heimischen Großraum Aachen eher mager ausfiel. Sebastian gründete dann 2010 den Biershop *Bierkompass* und importierte bereits einige Zeit vor Beginn der Craft Beer-Bewegung Biere aus den USA, Skandinavien und den Benelux-Staaten. Nach dem Zusammentreffen mit Peter Esser von der Braustelle in Köln, über den an anderer Stelle in diesem Buch bereits berichtet wurde, wurde das Projekt *Freigeist Bierkultur* aus der Taufe gehoben. Die beiden kreierten in Peters Brauerei völlig neue Biere, die vor allem historisch geprägt sind. Dabei werden die Biere aber immer frei interpretiert und, auf den alten Rezepten basierend, immer weiter entwickelt. Das gleiche Konzept verfolgt Sebastian mit den Bieren der *The Monarchy Linie*. Durch den großen Erfolg der Marken vor allem auf dem US-Markt ist die Kapazität der Braustelle mittlerweile viel zu klein. Die Biere werden deshalb in der Brauerei *Göller* in Zeilsheim und in der *Vormann Brauerei* in Hagen-Dahl gebraut.

- *Crew Ale* aus München, gegründet von **Timm Schnigula und Mario Hanel** in 2011, hatte beste Voraussetzungen, da beide Gründer ehemalige Unternehmensberater sind, die ihre Inspiration für Craft Beer aus dem Urlaub mitgebracht haben. Mit ihrem klaren Konzept, das stets an die Vorbilder in den USA erinnert, sind sie erfolgreich unterwegs. Inzwischen wurde ihr Unternehmen in *Crew Republic* umbenannt und ist auf fünf Bierfreunde angewachsen. Sie stehen wohl kurz davor, in einer eigenen Brauerei zu produzieren. Ein wichtiger Schritt, vor allem für die Stadt München.

„Ableger" der Braukonzerne

BraufactuM ist der wohl prominenteste Vertreter der Craft Beer-Ableger eines großen Brauereikonzerns, in diesem Falle der Radeberger Gruppe. Diplom-Brauingenieur Dr. Marc Rauschmann kümmert sich mit einem kleinen Team rührig um eigene Sorten, die irgendwo in einer deutschen Brauerei gebraut werden; die genaue Braustätte ist leider nicht bekannt. Auch importieren sie einige Craft Beer-Marken aus verschiedenen Ländern. Ein Konzept, das sich einerseits positiv auswirkt, da die flächendeckende Präsenz qualitativ hochwertiger Biere mehr Aufmerksamkeit der Verbraucher für das Thema Craft Beer erregt. Andererseits gibt es in diesem Konstrukt in Deutschland keine Brauerei „zum Anfassen" dazu. Glücklicherweise aber ist dort wenigstens ein realer Braumeister am Werk, der befragt werden kann.

Bei der Bitburger-Marke **Craftwerk** scheinen Enthusiasten in der Versuchsbrauerei der Gruppe Craft Beer zu brauen und zu vermarkten. Die Biere kommen tatsächlich sehr untypisch für eine Großbrauerei daher. Sie wirken authentisch, ja unperfekt, ebenso wie die Biere vieler Startups, die sich noch finden müssen. Eigentlich auch eine positive Geschichte.

Ein wenig seltsam mutet die **Ratsherrn Brauerei** an. Diese Brauerei besitzt ein Sudhaus für 50 Hektoliter Ausschlagmenge sowie einen riesigen Park mit Gär- und Lagertanks und ist damit viel zu groß dimensioniert, um Craft Beer in Sortenvielfalt für den deutschen Markt zu brauen. Die Planungen zum Bau der Brauerei datieren übrigens kurz vor dem Einschlag der neuen Bierkultur hierzulande; ursprünglich und in erster Linie sollten hier große Mengen *Ratsherrn Pils* produziert werden. Dazu hat die Eigentümerin der *Ratsherrn Brauerei*, die Nordmanngruppe, mit der wunderbaren gastronomischen Einrichtung „Altes Mädchen" im Hamburger Schanzenviertel ein perfektes Tap House hingelegt. Hier wird der Craft Beer-Gedanke, ganz nach den Vorbildern in den USA, gelebt. So gibt es im „Alten Mädchen" jede Menge Zapfhähne, an denen auch sogenannte Guest Beers, Biere anderer Brauereien, gezapft werden.

Camba Bavaria nimmt eine Sonderstellung in dieser Kategorie ein, denn diese Brauerei ist kein Ableger einer großen Brauerei, sondern die gute Idee des Geschäftsführers des Brauereimaschinenherstellers *BrauCon*, Markus Lohner. *BrauCon* hat einen großen Kundenkreis in den USA, hier investieren die Craft Brewer, die schon etliche Jahre erfolgreich sind und eine gewisse Größe erreicht haben, gerne in hoch entwickelte Brautechnologie. Die intensiven Kontakte zur Craft Beer-Szene in den USA gaben dann wohl die Initialzündung für die Inbetriebnahme der Hausbrauerei *Camba Bavaria* in Truchtlaching im Chiemgau. Ganz nebenbei ist dies natürlich auch ein Schaustück, das tatsächlich realisierbare Ideen demonstriert. Camba braut dort die ganze Palette an internationalen Bierstilen und bietet zudem auch anderen Brauern eine Plattform für Probe- und Kooperationssude. 2011 wurde mit mehreren Brauern aus Bayern und Österreich zusammen eine Erdbeerweiße gebraut. Was für eine geschmackvolle (!) Idee, ein Weizenbier mit frischen Erdbeeren – das muss lecker gewesen sein! Selbst das ZDF war vor Ort und strahlte das Ereignis später im Fernsehen aus. Übrigens ein hervorragend recherchierter Bericht über die neue Brauereikultur mit einem Schuss Kritik am Reinheitsgebot. Letzteres könnte auch der Grund sein, warum man vom Erdbeerweizen aus Bayern nie wieder etwas gehört hat, oder?

7 Craft Beer in Europa

Wie schon berichtet, hat Craft Beer auch in Europa längst Fuß gefasst. Wir wollen daher hier nur vier Brauer und ihre Braustätten beschreiben, denn die Anzahl und Vielfalt der europäischen Craft Beer-Brauer ist mittlerweile so angewachsen, dass nur eine kleine, subjektive Auswahl getroffen werden kann. Danach werden wir uns zwei weiteren Themen widmen, die für die europäische Braulandschaft typisch sind: Die Reinkarnation des belgischen Weißbieres, dem Wit, und der immer viel zu politisch bewerteten Thematik des Alt versus Kölsch.

Birra Amiata

Wie so viele waren auch die Brüder Gennaro und Claudio Cerullo aus Arcidosso in der Südtoskana zuerst begeisterte Heimbrauer. Bier in der Toskana? In einer uns eher als weinaffin bekannten Region? Ja, denn auch Italien ist in den letzten 10 Jahren zu einer Nation gediehen, die ungefähr 800 neue Brauereien hervorgebracht hat. Die Cerulli ließen die Phase als Heimbrauer hinter sich und gründeten 2006 ihre Brauerei *Birra Amiata*. Inzwischen sind sie in eine Immobilie vor den Stadttoren gezogen und betreiben eine propere Brauanlage, die komplett in Italien gefertigt worden ist. Durch den Bierboom in Italien gibt es in der klassischen Wein-Nation mittlerweile eine stattliche Anzahl an Brauanlagenherstellern. In einem Land, wo der Genuss an allererster Stelle steht und es an Herstellern von Maschinen für die Nahrungsmittelindustrie nur so wimmelt – kein Wunder! *Amiata* hat ein Sudhaus aus drei Geräten mit einer Kapazität von über 10 hl pro Sud. Zwei Kochbehälter stehen links und rechts vom Maischebottich, der ein auffallend flaches Design hat und von einem Hersteller mit dem klangvollen Namen Zingarelli stammt. Die Cerulli sind in ihrer Region verwurzelt, was sich in der Namensgebung der Biere immer widerspiegelt. So sind die Namen stets an toskanische Geschichten, Sagen und Personen geknüpft. Auch die Rohstoffe stammen nach Möglichkeit aus der Region, wie etwa die Kastanien aus dem Grosseto oder der Honig aus der Maremma an der toskanischen Küste. Dabei werden neue italienische Bierstile gebraut, wie das *Bastarda Rossa* mit Kastanien oder historische Sorten wie das *Marsilia*, eine Gose. Natürlich gibt es auch angelsächsisch geprägte Biere, wie das IPA *Contessa* oder *Golden Ale Comunale*.

Brouwerij De Molen

Menno Olivier begann sein Brauprojekt, ebenso wie die amerikanischen Kollegen, als Heimbrauer in der häuslichen Küche. Kurze Zeit später zog er – wieder ganz klassisch – mit seiner kleinen Brauerei in eine Garage in der Nachbarschaft. *De Salamander* hieß das Projekt und gebraut wurde auf einer 200 Liter-Anlage. Noch arbeitete Menno als Braumeister in der *Stadsbrouwerij de Pelgrim* in Rotterdam und betrieb seine eigene Brauerei nur als Nebenjob. 2004 war es dann endlich soweit: Die Brauerei *de Molen* wird in Bodegraven in einer alten, namensgebenden Mühle gegründet. Dort werkelten Menno und seine Frau Bea Brinkman mit einer Brauanlage von 500 Litern Kapazität, die natürlich selbst gebaut und übrigens immer noch in Betrieb ist. Da die Nachfrage aber beständig stieg, gibt es bei *de Molen* inzwischen eine weitere Brauerei, die sich nur 100 Meter entfernt von der alten Braustätte in einer großen Halle befindet. Dort wird jetzt in einem neuen Sudhaus mit einer Kapazität von 25 Hektolitern gebraut. Im Jahre 2007 schloss sich John Brus an, der zuvor einige Jahre lang Erfahrungen als Heimbrauer gesammelt hatte. Menno und John gelang es, 2009 ein Festival für alle Freunde des Craft Beers zu organisieren: das *Borefts Bier Festival*. Mittlerweile hat sich dieses wunderbare Fest zu dem Craft Beer-Festival der Szene in Zentraleuropa entwickelt, zu dem zahlreiche Brauer aus allen Ländern pilgern, um ihre Biere anzubieten. Hier treffen sich Brauer und Bierenthusiasten. Waren es 2009 noch 550 Besucher, so kamen 2014 über 4000, darunter übrigens auch immer mehr interessierte Bierfreunde aus Deutschland. *De Molen* selbst ist vor allem für seine starken dunklen Biere bekannt, reicht doch die gesamte Bandbreite der Biere von leichten englischen Bitter bis zu starken Imperial Stouts; das prominenteste ist hier das *Rasputin*. Im Schnitt werden 45 Biere gebraut, sie alle sind in der Szene durch ihre schlichten Etiketten bekannt, deren Design stark an Microsoft Office erinnert – allerdings werden bei *De Molen* alle Informationen über das entsprechende Bier transparent aufgelistet. Craft bedeutet eben Offenheit in jeder Hinsicht.

Brasserie Trois Dames

2002 kaufte sich Raphaël Mettler, der ein erfolgreiches Unternehmen für Sportartikel betrieb, erstmals eine Ausrüstung für das Brauen zu Hause. Die Gerätschaften erwarb er bei *Sios*, einer bekannten Schweizer Firma, die Heimbrauer ausstattet. Der Inhaber von *Sios*, Richie, unterstützte Raphaël von Anfang an bei seinen Brauversuchen, die so gut liefen, dass er sich nach nicht einmal eineinhalb Jahren ein 2,5 Hektoliter großes Sudhaus kaufte. Den Namen für seine Teilzeit-Brauerei hatte er auch schon: *Brasserie Trois Dames*, benannt nach den drei wichtigsten Damen in seinem Leben, seiner Frau Silvy und seinen beiden Töchter Julie und Elise. Wie viele europäische Brauer erhielt Raphaël seine Brau-Inspiration durch Reisen in die USA, bei denen ihm erstmals die intensiven US-amerikanischen Biere begegneten. Auch konnte er sich der beeindruckenden Vielfalt der wunderbaren Hopfen des Yakima Valley nicht entziehen. Doch von größerer Bedeutung ist die Idee, die ihm im Jahr 2006 vor einem längeren Kanadaaufenthalt kam und die er alsdann umsetzte: Bier in Holzfässern lagern. Bei dieser damals ungewöhnlichen Art der Lagerung wurde er von Jérôme Rebetez unterstützt. Wer Jérôme kennt, weiß, dass diese Art der Holzfassprojekte immer auch mit hervorragenden sauren Bieren zusammenhängt. Jérôme ist selbst Brauer und besitzt die *Brasserie des Franches-Montagne* (BFM) in Saignelégier. Doch zurück zu Raphaël und seiner Familie im fernen Vancouver. Raphaël nutzte die Zeit in Nordamerika, um sich am *Siebel Institute* in Chicago weiterzubilden, zudem sammelte er in gemeinsamen Projekten mit verschiedenen Brauern weitere Brauerfahrung. Nach seiner Rückkehr in die Schweiz war ihm dann klar: Jetzt wird Vollzeit gebraut! Die Produktion der *Brasserie Trois Dames* findet heute auf einem 15 Hektoliter-Sudhaus der kanadischen Firma *Newland Systems* statt. Dabei wird die ganze Bandbreite der Bierstile bedient, wobei Raphaëls besondere Leidenschaft den belgischen Sauerbieren gilt.

Truman's

Benedikt Ott ist Braumaster Ben. So nennt er sich selbst und zeigt damit sofort, wofür er steht: Ein gelungener Mix aus Deutsch und Englisch, so wie seine Eltern und sein Werdegang als Brauer. Er hat bei *Sünner Kölsch* eine Brauerlehre absolviert, danach in Berlin studiert und zuletzt im Brauhaus *Freischem's* in Köln gearbeitet. Danach zog es Ben nach England, erst zur *Purity Brewing Company* in Warwickshire, dann zu *Black Country Ales* in den West Midlands. Als sich die Gelegenheit ergab, als Headbrewer für *London Fields* zu arbeiten, ging Ben in die englische Metropole und braute in dieser typischen Craft Brewery mit einfachem Equipment wunderbare englische Ales. Ben hat den Weg nach England auch deshalb angetreten, weil es ihm einfach zu langweilig war, immer nur Kölsch zu brauen. Er stellte fest, dass Kölsch zwar Kohlensäure und Rezenz auszeichnet, doch mehr Geschmack haben dagegen die gering karbonisierten britischen Ales. Es ist übrigens immer wieder erstaunlich, wie komplex diese Klassiker schmecken können. Die meist stark gehopften Biere werden mit Handpumpe oder Gravitation gezapft und überzeugen durch ein dichtes Aroma bei gleichzeitig geringer Stärke. Denn die englischen Biere sind – durch die hohe Alkoholsteuer in England gebeutelt – eher leicht, ein normales Bitter (Pale Ale) hat nur um die 3,5 Volumenprozent Alkoholgehalt. Doch zurück zu Ben, der 2013 zur neu gegründeten *Truman's Brewery* in London wechselte. Nach 23 Jahren Pause stellt er hier wieder den Braumeister, denn die bekannte Traditionsbrauerei *Truman's* wurde 1666 gegründet und 1989 geschlossen. Die historischen Gebäude in der Brick Lane stehen noch heute. Die neue *Truman's Brewery* wurde von den Bierenthusiasten James Morgan und Michael-George Hemus zusammen mit Ben 2013 in Hackney Wick in Betrieb genommen. Die beiden Gründer hatten 2010 die alten Namensrechte ausgegraben, die inzwischen bei *Heineken* gelandet waren. Im 18. Jahrhundert wurde die Brauerei übrigens von Benjamin (Ben) Truman geführt! Wenn das kein Zufall ist ...

Pierre Celis und das belgische Wit

Das belgische Weizenbier, Witbier, war in den 1960er Jahren ausgestorben. Was zeichnet dieses Bier aus? Es wird mit Koriander gebraut und zudem mit Bitterorangenschalen. Dadurch entsteht ein fruchtig-herbes Aroma. Fruchtig ist das Witbier auch wegen des unvermälzten Weizens, der statt des sonst üblichen Weizenmalzes eingesetzt wird.

Pierre Celis, dem belgischen Heimbrauer, missfiel das Verschwinden dieser Bierspezialität. Nachdem er das ursprüngliche Rezept rekonstruiert hatte, entschloss er sich konsequenterweise, Witbier kommerziell zu brauen. Er übernahm die alte Brauerei *Hoegaarden* in der gleichnamigen Stadt in Flandern und begann 1966, den verlorenen Bierstil zu brauen und zu vertreiben – mit einem Erfolg, der andere ansteckte. Über die Jahre brauten immer mehr belgische und später auch niederländische Brauer diesen einst vergessenen Bierstil. Heute ist das Witbier ein fester Bestandteil der Craft Beer-Kultur und wird weltweit gebraut. Ende der 1980er Jahre zerstörte ein Feuer Celis' Brauerei. Da sie nicht versichert war, musste er sie verkaufen. Käufer war *Interbrew*, heute *Anheuser-Busch InBev*, der größte Brauerei-Konzern der Welt. Dieser verlagerte die Produktion von *Hoegaarden* zur Braustätte in Jupille. Nach einem Aufschrei der Fangemeinde und Bierenthusiasten der ganzen Welt wird *Hoegaarden* aktuell auch wieder in Hoegaarden gebraut. Ob tatsächlich der öffentliche Aufschrei oder die Herkunftsbezeichnung des Bieres ausschlaggebend war, kann hier nicht geklärt werden. Fest steht: Auch die großen Brauereikonzerne sind (glücklicherweise) nicht ganz frei in ihren Entscheidungen …
Wie ging es mit Pierre Celis weiter? Nach dem Desaster wanderte er nach Texas aus und gründete in Austin eine belgische Witbier-Brauerei namens *Celis Brewery*. Später verkaufte er sie erfolgreich an die *Michigan Brewery Company*, um seinen Ruhestand in Belgien zu verbringen. Noch heute erinnert das *Celis Wit*, jetzt gebraut von der *Brouwerij Van Steenberge*, an den Brauer, der einen großartigen Bierstil wiederbelebt hat.

Kölsch versus Alt

Die beiden rheinischen Nachbarstädte Köln und Düsseldorf verbindet eine traditionelle Hassliebe, die sich auch im Bier manifestiert. Heute gibt es in Köln nur noch eine traditionelle Hausbrauerei, das *Päffgen*. Seit Anfang des Jahrtausends hat sich die *Braustelle* in Ehrenfeld dazugesellt, die allerdings völlig untypisch für Köln ist und womöglich gar die erste Craft Beer-Brauerei in Deutschland war. Über diese kreative Brauerei haben wir bereits einiges im Kapitel über die neue deutsche Craft-Beer-Szene gelesen (S. 110). Eine weitere neue Brauerei ist die Brauerei *Hellers* in der Roonstraße, die neben dem obligatorischen Kölsch auch ein sonst in Köln verpöntes Alt braut. Die anderen Brauereien sind alle größer, brauen mindestens 35.000 Hektoliter (*Malzmühle, Mühlen Kölsch*) und sogar bis zu 600.000 Hektoliter (*Reissdorf*). *Sünner* war die erste Brauerei, die ein Bier unter dem Namen Kölsch verkaufte.

In Düsseldorf gibt es vier traditionelle Hausbrauereien, *Schumacher, Uerige, Im Füchschen* und *Schlüssel*; vor einigen Jahren kam die Brauerei *Kürzer* hinzu. Alle fünf liegen in der Düsseldorfer Altstadt. Doch die großen Altbierbrauer sind mit ihren Brauereien alle aus Düsseldorf verschwunden, ihre Marken werden an Standorten außerhalb der Stadt hergestellt.

In der Stadt Münster gibt es dann noch den letzten Vertreter des sauren Altbieres, das früher in dieser Region weit verbreitet war. Das Alt von *Pinkus Müller* ist mit Milchsäurebakterien gesäuert und im Übrigen sehr hell. Fast so hell wie ein Kölsch.

Wie jetzt, Kölsch? Ist das denn nicht genau das Gegenteil des Altbiers? Politisch gesehen ja, aber kulturhistorisch eher nicht, denn im 19. Jahrhundert waren die rheinischen, obergärigen Biere nicht so differenziert wie heute. Sie waren alle mehr oder weniger dunkel-kräftig gehopft. Vor allem aber waren diese Biere in der Regel nicht gefiltert, denn die Kleinbrauer dieser Zeit verfügten gar nicht über die nötigen technischen Möglichkeiten. Erstaunlicherweise muss nach der Kölsch-Konvention, der alle Kölschbrauer zugestimmt haben, Kölsch immer gefiltert sein. Ist es das nicht, darf es nicht als Kölsch verkauft werden.

Wie kam es eigentlich zu dieser Konvention? Dafür schauen wir über die Kölschen Stadtgrenzen hinaus nach Wuppertal. In den frühen 1960er Jahren brachte die *Wicküler Brauerei* ein Kölsch heraus und füllte es unter dem klangvollen Namen „Küppers" in Flaschen. Diese wurden dann von Wuppertal nach Köln gebracht und dort sehr erfolgreich vermarktet. Zu dieser Zeit wurde Kölsch nur in Hausbrauereien und als Fassbier hergestellt, die den klangvollen Namen Pittermännchen hatten und haben. Der Erfolg von *Wicküler* konnte den Kölner Brauereien nicht gefallen, sie stoppten den Eindringling aus dem Bergischen Land mit einer einstweiligen Verfügung. Das Argument lautete: Kölsch ist eine Herkunftsbezeichnung und darf deshalb selbstredend nicht aus Wuppertal kommen.

Die damals finanzstarke Brauerei *Wicküler* störte das nicht sonderlich, sie baute in Rekordzeit im Kölner Stadtteil Bayenthal eine moderne Brauerei mit dem Potential von mehr als 1 Million Hektoliter pro Jahr. Köln wurde weiter mit Küppers in Flaschen überschwemmt und die anderen Kölner Brauereien mussten nachziehen. In den 1980er Jahren formulierte der Kölner Brauereiverband dann die Kölsch-Konvention. Das Kölsch wurde darin dem Zeitgeist entsprechend als hell und gefiltert definiert. Ein bekanntes Phänomen, wenn wir die vielen Lagerbiere betrachten …

Die großen Altbiermarken konnten gegen die hellen Lagerbiere nicht bestehen, sie sind alle Teil von Braukonzernen und ihr Ausstoß sinkt Jahr für Jahr. Die kleinen Hausbrauereien in der Altstadt haben dagegen bis heute gut gelebt und sich in jüngster Zeit sogar mit *Kürzer Alt* um eine weitere vermehrt.

8 Bierstädte

Der Terminus „Bierstadt" ist eigentlich selbsterklärend: Gibt es in einer Stadt Brauereien, Bierfachgeschäfte und Biercafés oder -lokale, so handelt es sich um ein kleines Eldorado für Biergenießer – eben eine Bierstadt. Aus historischer Sicht sind Dortmund, München, Burton und Milwaukee relevant, die wir hier beschreiben wollen. Dann wird aber von der neuen Generation von Städten berichtet, in denen sich in den letzten Jahren, teilweise sehr rasant, eine vielfältige Bierkultur entwickelt hat.

In den 1970er Jahren war **Dortmund** eine ausgesprochene Stadt des Biers; so wurden dort 1972 in acht Brauereien jährlich 7,5 Millionen Hektoliter Bier gebraut. Das war zu diesem Zeitpunkt europaweit ein Rekord, der weltweit nur von Milwaukee in den USA überboten wurde. Was damals Rekord einer ganzen Stadt war, braut heutzutage, dank der *Oettinger Brauerei*, eine Biermarke alleine. Mittlerweile gehören alle Dortmunder Marken, bis auf eine, zu einem Braukonzern, *Dr. Oetker*, und dessen Biere werden allesamt in einer Braustätte gebraut. Die Ausnahme bildet die *Bergmann-Brauerei*, die Thomas Raphael vor ein paar Jahren wieder reaktivierte.

Weiter zur nächsten historisch bedeutenden Bierstadt, **Burton-upon-Trent,** deren große Zeit bis zum Ende des 19. Jahrhunderts andauerte. Die britische Stadt ist auch deshalb zu nennen, weil hier das IPA erfunden wurde – die Biersorte, die oft im selben Atemzug mit der Craft Beer-Bewegung genannt wird.

Milwaukee in Wisconsin ist die Heimatstadt der deutschen Auswanderer, insbesondere der deutschen Brauer. Jahrzehntelang war Milwaukee durch die hier ansässigen Großbrauereien, wie *Miller, Papst* und *Schlitz* die Stadt mit dem weltweit höchsten Bierausstoß. Inzwischen ist davon nur noch die *Miller Brewery* übrig geblieben. Doch auch hier verändert sich etwas. Wie in jeder amerikanischen Stadt dieser Größenordnung gibt es inzwischen mehrere Craft Breweries wie *Lakefront, Brenner, Horny Goat, Water Street* etc ...

Etwa so viele Brauereien wie in Milwaukee gibt es auch in **München**, *der* deutschen Bierstadt. Hier findet das weltweit einzigartige und oft kopierte Oktoberfest statt und hier gibt es sechs traditionelle Brauhäuser, die im Stadtgebiet mit fünf Braustätten vertreten sind. Aber auch hier ist die Bezeichnung Bierstadt eher historisch bedingt. Denn das Oktoberfest wird zwar immer größer, ist aber eher Kirmes als Bierfest, bei dem doch Biergenuss im Vordergrund stehen sollte. Im Areal des Oktoberfestes gibt es lediglich sechs Sorten, die ausgeschenkt und penibel gegen jeden Eindringling verteidigt werden. Doch abgesehen von *Augustiner* sind die großen Münchner Brauhäuser alle nicht mehr unabhängig. Das Hofbräuhaus gehört dem Staat Bayern, *Spaten* und *Löwenbräu* zum weltgrößten Bierkonzern *AB Inbev* und *Paulaner/Hacker-Pschorr* zu jeweils der Hälfte der Schörghuber-Gruppe und *Heineken*. Doch es gibt Hoffnung für die bayrische Landeshauptstadt. Da ist zum einen die Brauerei *Giesinger*, deren Anfänge in einer Doppelgarage liegen und die derzeit in eine neue Brauerei expandiert. Ein echter Craft Beer-Werdegang. Auch *Crew Ale* steht kurz davor, eine eigene Brauerei zu gründen, und mit dem Tap House von *Camba Bavaria* gibt es eine wirkliche bieraffine Kneipe. Dazu gesellen sich ein paar gute Craft Beer-Läden für Flaschenbier. Wahrscheinlich markiert auch das Craft Beer-Fest *Bierinseln* 2014 den

Aufbruch zu einem coolen Bierevent in München, nicht zu vergessen die jetzt bereits im vierten Jahr stattfindende *Braukunst Live*.

Aber da war doch noch eine weitere deutsche Stadt des Bieres? Allerdings! **Bamberg** gilt immer noch als das Zentrum der traditionellen deutschen Bierkultur, denn nirgendwo sonst ist die Vielfalt an klassischen deutschen Lagerbieren so hoch. Eine Vielfalt, die sich nicht nur in verschiedenen Biermarken, sondern auch vor allem in einer geschmacklichen Vielgestalt finden lässt. Und auch in der Umgebung von Bamberg ist die Vielfalt und Anzahl von Brauereien absolut einzigartig. Bei genauer Betrachtung ist allerdings festzustellen, dass hier keine Entwicklung nach vorne stattfindet. Die Situation stagniert vielmehr, da hier kaum neue Biere oder gar Biersorten samt neuer Brauereien dazukommen. Im Gegenteil, hat doch erst vor ein paar Jahren die Brauerei *Maisel* in Bamberg ihre Pforten geschlossen.

Da geht anderswo mehr. So z.B. in **Bend**, im US-amerikanischen Staat Oregon. Bend ist von seiner Größe her vergleichbar mit Bamberg, auch hier leben ca. 70.000 Menschen und die Lage beider Städte ist eher in einer Randzone als im Landeszentrum. Doch in Bend gibt es 20 Brauereien aller Größen und Philosophien, jedes Jahr öffnen mehrere neue und Schließungen sind derzeit nicht in Sicht. Hinzu kommt die ganze Craft Beer-affine Infrastruktur von Bierläden (Bottle Shops) und Tap Houses, Brewers Taps oder Biercafés. All dies sind Orte, in denen beratungsintensiv Bier an den Genießer verkauft wird. Dabei werden Bierflaschen einzeln abgegeben und die „Taps" haben mindestens zehn Zapfhähne.

Insgesamt scheint es so, als sei eine starke traditionelle Bierkultur eher ein Hindernis für die neue Craft Beer Bewegung. Das ist durchaus ein Grund, warum Deutschland in der Craft Beer-Entwicklung so wenig fortgeschritten ist. Tatsächlich verhält sich dies in Ländern wie beispielsweise Italien, einem Land ohne Bierkultur, völlig anders. So kann Italien inzwischen mit fast 800 neuen Brauereien aufwarten, die alle von Enthusiasten gegründet worden sind und die eine italienische Bierkultur mit eigenen Stilen völlig neu erfinden.

Gleiches mag auch für Großbritannien gelten. Dort wacht die *Campaign for Real Ale* seit Anfang der 1970er Jahre darüber, dass das fassgereifte drucklose Ale nicht verschwindet. Das hat eindeutig die Vielfalt an Ales gefördert. So protegiert, konnte sich diese Kultur extrem gut entwickeln. Erst seit kurzem greift auch hier die Craft Beer-Bewegung um sich. Vorrangiger Schauplatz des Geschehens ist **London**, das sich innerhalb weniger Jahre zu *der* Bierstadt Europas entwickelt hat. Neue Brauereien schießen wie Pilze aus dem Boden und bescheren London mittlerweile über 50 neue Sudhäuser mit Gär- und Lagerkeller. Viele sind keine reinen Brewpubs, sondern füllen auch in Flaschen ab. Dazu kommen die wichtigen Begleiter wie Tap Houses, Bottle Shops und natürlich die genießenden Bierenthusiasten.

Zurück nach Deutschland. Hier ist ganz eindeutig **Berlin** zu nennen. In keiner anderen Stadt gibt es so viele echte Craft Beer-Brauereien: *Heidenpeters, Schoppe, Brewbaker, Hops & Barley, Flessa, Rollberg, Vagabund* etc. Einige davon wurden zuvor genauer vorgestellt. In der Hauptstadt wächst übrigens auch eine entsprechende Biergastronomie plus Flaschenbierversorgung und die Zahl kleiner, netter Bierfeste steigt immer weiter. Und Hamburg ist dabei, zu folgen; hier gibt es zwar noch nicht so viel wie in der Hauptstadt, aber der Anfang ist gemacht. Wann wird der Rest der Republik endlich mitmachen?

Weltweit ist **Portland,** Oregon, *die* Bierstadt schlechthin. Nirgendwo auf der Welt gibt es so viele Brauereien in einer Stadt, aktuell sind es 55 und die Tendenz ist weiterhin steigend. Allerdings kann sich dieser Status hinsichtlich der aktuellen Entwicklung in London, Chicago und Denver, wo sehr viele neue Brauereien in Planung sind, im Laufe der nächsten Jahre ändern. Die bloßen Zahlen sind hier natürlich nicht unbedingt maßgeblich, aber ein Wachstum an neuen Braustätten hat immer zur Folge, dass sich auch der Rest der wunderbaren Welt des Craft Beers schnell weiterentwickelt. Portland als Bierstadt hat hier immerhin schon 25-jährige Erfahrung, waren doch mit *Widmer* und *Bridgeport* zwei Craft Brewer der ersten Stunde in der Stadt ansässig. Kurze Zeit später folgte mit *McMenamins* eine Brewpub-Kette, die grundsätzlich und mit viel Gefühl nur historische Gebäude für ihre Projekte umbaut. In Portland ist der Marktanteil von

Craft Beer mit 30 Prozent weltweit am höchsten. Portland „ist" geradezu Bier, denn überall in der Stadt ist Craft Beer präsent, auch wird hier Bier in der Öffentlichkeit, wie nirgendwo sonst in den USA, gern toleriert. Dabei scheint der Alkohol hier keine negativen Begleiterscheinungen zu haben, denn Bierleichen sucht man vergebens (beim Oktoberfest stolpert man hingegen allerorten über sie). Selbst in vielen Cafés – Portland ist nebenbei auch die Stadt der Kaffeeröster – gibt es ein paar leckere Bierchen vom Fass zu kosten. Und selbst, wenn sich die Statistik in naher Zukunft ein wenig verschieben sollte, Portland wird eine der weltweit attraktivsten Bierstädte bleiben.

9 Wo gibt es gutes Bier und wie wird es verkostet?

Genug gelesen, ran an das leckere Gebräu: Riechen, schmecken und sprechen Sie über Bier!

Ob in aller Ruhe entdeckt oder bei einem selbstveranstalteten Tasting mit Freunden: Über die Vielseitigkeit von Craft Beer lässt sich vortrefflich diskutieren. Ebenso wie dies auch für andere Genussmittel gilt, sollte auch hier immer das individuelle Geschmacksempfinden entscheiden. Wir können deshalb nur einige hilfreiche Kriterien vorschlagen, die beim Verkosten beachtet werden sollten:

- Als **Trinkgefäß** eignet sich ein Rotweinglas am besten, da es überall verfügbar ist und dafür konstruiert ist, Getränke sensorisch zu erfahren. Wichtig ist, dass ein Probierglas eine große Öffnung hat, damit sich die Aromen des Bieres sammeln können und der Nase genug Raum zum Riechen gegeben ist.

- Welche **Farbe** hat das Bier? Wenn das gefüllte Glas gegen das Licht gehalten wird, sind die verschiedenen Farbnuancen gut sichtbar. Die Palette reicht von Blassgelb über Honig- oder Bernsteinfarben, Rot, Braun bis hin zu Tintenschwarz. Dabei lässt sich gleichzeitig die Trübung des Bieres ermitteln, die von glanzfein über opalisierend bis hin zu milchig gehen kann. Das Auge trinkt mit!

- Der **Geruch** des Bieres lässt sich mit Früchten, Kräutern, Blumen oder Süßigkeiten vergleichen, aber auch mit chemischen Noten darstellen. Das Zuordnen der Gerüche ist erst mit viel Erfahrung möglich, doch das Beschreiben des Wahrgenommenen und der Vergleich mit Bekanntem sind für jeden möglich. Auch hier gilt es, den Genuss zu beschreiben und mit anderen zu teilen.

- Das gleiche trifft für das bewusste **Trinken und Schmecken** zu, bei dem der Antrunk sowie der Abgang beurteilt werden. Es sollte darauf geachtet werden, wie sich das Bier im Laufe des Trinkvorgangs verändert. Nebenbei lassen sich hier auch unterschiedliche Körper differenzieren, die von trocken-schlank bis zu vollmundig-mastig reichen können. Der Kohlensäuregehalt des Bieres, die **Rezenz**, beeinflusst diesen Vorgang zusätzlich.

Wer gutes Bier kaufen möchte, kann dies hier in Erwartung freundlicher und kompetenter Beratung tun:

Berlin: Berlin Bier Shop, Bierlieb, Getränkefeinkost, Hopfen & Malz
Bonn: P & M Getränke
Braunschweig: Weinberg–Wein & Whisky
Hamburg: Bierland Hamburg, Brausturm Spektakel, Craft Beer Store
Hannover: Craft Beer Kontor
Magdeburg: Getränkefeinkost
München: Biervana, Getränke Oase, Liebick Getränke
Schmallenberg: Siebrichhausen's Weltbiere
Siegburg: Bierweltweit
Stuttgart: Feine Biere

Natürlich gibt es auch Online-Shops:

www.bier-deluxe.de
www.bierkompass.de
www.bierpost.com
www.bierzwerg.de
www.liquidhops.de

Folgend noch einige **Tipps** für diejenigen, die ein angenehmes Lokal suchen, in dem **Craft Beer** ausgeschenkt wird:

Bamberg: Café Abseits
Berlin: Herman, Hopfenreich, Vagabund
Hamburg: Altes Mädchen, Galopper des Jahres, Idol Bar
Mainz: Craft Beer Restaurant Mainz
München: Red Hot, Tap House Munich

Wer Bier-Festivals oder andere Veranstaltungen, etwa Tastings oder auch Braukurse, besuchen möchte, dem bieten sich in Deutschland die folgenden Events :

Berlin: *Berlin Beer Academy, Craft Beer Festival Berlin, Braufest Berlin*
Hamburg: *Brausturm Spektakel, Galoppers Bierdegustation*
Köln: *Festival der Bierkulturen*
München: *Braukunst Live*

International ist die Auswahl an Craft Beer-Festen enorm:

Dänemark: *Copenhagen Beer Celebration* in Kopenhagen
Großbritannien: *Leeds International Beer Festival* in Leeds, *London Craft Beer Festival* in London, *Craft 100* in London, *Liverpool Craft Beer Expo* in Liverpool, *Indy Man Beer Con* in Manchester
Norwegen: *What's Brewing* in Stavanger
Niederlande: *Borefts Beer Festival* in Bodegraven
Spanien: *Barcelona Beer Festival* in Barcelona
USA: *Great American Beer Festival* in Denver/Colorado, *Oregon Brewers Festival* in Portland/Oregon, *American Craft Beer Fest* in Boston/Massachusetts

Zum Schluss folgt noch eine gute Nachricht, die zugleich die Korrektur eines weiteren Irrglaubens bedeutet: Bier macht nicht dick! Nur Wasser und Tee sind weniger kalorisch als Bier, bei dem die Hefe ja bereits alle Kalorien verstoffwechselt hat. Somit kann mäßiger (!) Biergenuss sogar das Körpergewicht reduzieren.[11]

Na denn: Prost! Cheers! Santé! Proost! Cin Cin! Viva! Salud! Gan Bei! Skål! Kippis! Jamas! Mubarik! Pana! Na Sdorowje! Şerefe!

---

[11] http://www.brauer-bund.de/download/Archiv/PDF/Maßvoller_Bierkonsum.pdf, S. 27

Dank an unsere Unterstützer, ohne die es dieses Buch nicht gäbe:

Wir danken unseren Unterstützern, ohne die es dieses Buch und unsere Brauerei *Ale-Mania* nicht gäbe!
Zuerst sei die Edition Lempertz genannt, die uns zu diesem Buch motivierte;
Arnulf Striepecke und Detlef Rick, den Fotografen; Lektorat von Annette Engels und Gabi Weber; Brau-Expertise von Karl-Ulrich Tröger; Reisebegleitung und Kontakte durch Richard Gagne und Mark Lueker.
Allen Freunden und Wegbegleitern:
Linda Cordes, Claudia und Carsten Deichmann, Barbara Fritzen, Maria Girolstein, Theophanu Goettert, Manfred, Markus und Thomas Görtz, Esther Isaak de Schmidt-Bohländer, Jürgen und Sebastian Knoke, Susanne Kuchenreuther, Heiner Küpper, Max Marner, Gunnar Martens, Elke Masurek, Moritz Mehrlein, Kerstin Oebel, Bernd Rössle, Eleonore Selzer, Uli und Judith Selzer, Ronald Siemsglüß, Maria Sievers, Julie Weber, Renate und Guido Wolbring und vielen anderen, die wir schusseligerweise hier nicht genannt haben sollten!

Heike und Fritz Wülfing, die trotz des gemeinsamen Schreibens
immer noch zusammen sind …

Ebenfalls in der Edition Lempertz:

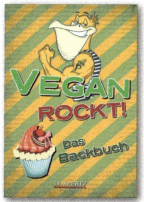

Vegan rockt! Das Backbuch.
216 Seiten, Format: 17 x 24 cm, durchgehend farbig bebildert
ISBN: 978-3-943883-29-9, 14,99 €

Köstliche Kuchen, verlockende Torten und leckere Plätzchen, ganz ohne Milchprodukte, Honig, Eier oder andere tierische Zutaten! Ob für Laktoseallergiker, Tierschützer oder Menschen, die sich ethisch ernähren möchten: Hier finden sich für jeden traumhafte vegane Kreationen zum Nachbacken – ganz einfach und unkompliziert. Das umfangreichste, rockigste, bunteste vegane Backbuch derzeit auf dem Markt!

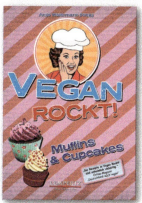

Vegan rockt! Muffins und Cupcakes
208 Seiten, Format: 17 x 24 cm, durchgehend farbig bebildert
ISBN: 978-3-943883-21-3, 14,99 €

Klein aber fein, Baby: In 150 unwiderstehlichen Rezepten laden dich hier Cupcakes und Muffins zum Nachbacken ein! Wer glaubt, dass verführerische Kreationen wie Holundercupcakes mit Himbeerhaube oder Chocolate Chunk-Muffins für Menschen, die sich vegan ernähren, unerreichbar sind, irrt gewaltig! Mit dieser großen Rezeptsammlung kannst du unkompliziert und ganz ohne tierische Zutaten raffinierte Cupcakes und saftige Muffins für jede Gelegenheit backen. Egal, ob dir der Sinn nach cremigen, fruchtigen oder schokoladigen Naschereien steht: Mit diesen Köstlichkeiten rock'n' rollst du jede Party und jeden Kaffeetisch!

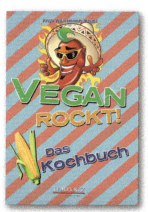

Vegan rockt! Das Kochbuch
200 Seiten, Format: 17 x 24 cm, durchgehend farbig bebildert
ISBN: 978-3-943883-55-8, 14,99 €

Rockige Menüs zaubern, einen krossen Snack für zwischendurch kreieren oder einen cremigen Nachtisch schlemmen – alles ganz vegan? Aber klar! Mit dieser umfangreichsten Rezeptsammlung kannst du ganz einfach und ganz ohne tierische Zutaten die coolsten, buntesten, abwechslungsreichsten Gerichte für jede Gelegenheit zaubern. Ob für Laktoseallergiker, Tierschützer oder Menschen, die sich ethisch ernähren möchten: Vom Apple-Almond-Delight über Chili sin carne bis zur gefüllten Zucchini mit Quinoa lädt dieses rockigste vegane Kochbuch mit leckeren, gesunden Köstlichkeiten zum Nachkochen ein!

Barbara & Hans Otzen
Die Rheinische Küche

Format: 21 x 21 cm, 256 Seiten, durchgehend bebildert, Hardcover, ISBN: 978-3-941557-58-1, 16,95 €

Die rheinische Küche ist ein Spiegelbild des Rheinländers: abwechslungsreich, niemals langweilig und ein Sinnbild der Lebensfreude. Diese umfangreiche Rezeptsammlung entführt den Leser auf eine interessante und vor allem schmackhafte Reise in die Tiefen der rheinischen Kochkunst. Von den verführerischen Klassikern wie dem berühmten Rheinischen Sauerbraten über deftige Hausmannskost wie die leckeren Dicken Bohnen mit Speck bis zu ungewöhnlichen Insidertipps wie den Hechtklößen mit Dillkartoffeln – in diesem Buch ist mit Sicherheit für jeden Geschmack das richtige Rezept dabei. Dazu noch ein frisch gezapftes Kölsch – und die Welt ist in Ordnung!

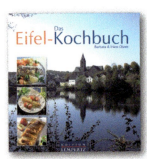

Barbara & Hans Otzen
Das Eifel-Kochbuch

Format 21 x 30 cm, 216 Seiten, durchgehend bebildert, Hardcover, ISBN: 978-3-939908-83-8, 16, 95 €

Die Eifel hat sich inzwischen zu einem kulinarischen Geheimtipp gemausert. Hier gibt es nicht nur Spitzengastronomiebetriebe und Spitzenweine, sondern auch die vielen Spezialitäten der Eifel wie Bauernkäse, Fleisch und Wild, Wurstwaren und Schinken, Gemüse, Obst und Schnaps, die die Neugierde der Besucher wecken und die man in den vielen Bauernläden der Region erwerben kann. Gerichte wie Gierschsalat, Bitburger Biersuppe, Döppekooche, Monschauer Tafelspitz und Dippehas dürften eingeborenen Eifelanern das Wasser im Munde zusammen laufen lassen. Doch wer kennt das Geheimnis ihrer Zubereitung? Für Lokalpatrioten ebenso wie für Zugezogene und Touristen dürfte dieses hochwertige und mit schönen Bildern illustrierte Kochbuch ein gelungenes Mitbringsel und eine echte Bereicherung sein. Es lohnt sich, einen Blick in die Eifeler Kochtöpfe zu werfen, denn aus den traditionellen Produkten und Rezepten sind neue Genüsse entstanden, die man andernorts so nicht findet.

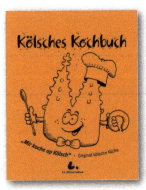

Kölsches Kochbuch
„Mir koche op Kölsch"
Original kölsche Küche

Format: 12 x 13 cm, 184 Seiten, zahlreiche s/w-Illustrationen, Hardcover, ISBN 978-3-933070-88-3, 8,50 €

„Et kleine kölsche Kochbuch" vereint tradierte kölsche Rezepte mit Geheimtipps und halb vergessen Geglaubtem. Ob Döppekoche oder Himmel un Äd – letztendlich geht ja auch die Liebe zum Rheinland durch den Magen... Zweisprachig: op kölsch un hochdeutsch!